Censo de El Hierro de 1757

~ *With English Guide* ~

JULIO C. VERA

Editor

ISBN-13: 978-1547238309
ISBN-10: 1547238305

DEDICATORIA

Para Amós Adolfo Quintero Padrón.

CONTENIDO

Agradecimientos

Gracias a Amós Adolfo Quintero Padrón por proporcionarme tanta información genealógica y por señalarme la existencia de este padrón de la Casa Fuerte de Adeje. También se agradece la obra de los dirigentes de ese archivo y del Museo Canario por digitalizar y poner al alcance del público la información que aquí se transcribe. Finalmente, agradezco la ayuda editorial de mi hermana, Maria del Carmen.

Introducción

{English translation: see Introduction, p. 149}

En la introducción de mi obra anterior, *El Censo de 1680 de La Gomera y El Hierro,* observamos como el estudio de la historia de esas islas occidentales de las Islas Canarias se nos ha dificultado por la lamentable pérdida de mucha documentación antigua.[1] Sin embargo, mis enlaces genealógicos con los primeros pobladores de la isla de El Hierro[2] más el descubrimiento de ese censo y su publicación, me han impulsado a averiguar si quizás existan otras fuentes valiosas parecidas - ya bien desconocidas o localizadas anteriormente por investigadores insulares pero poco difundidas fuera de esos círculos - que se le puedan facilitar a un público más amplio.

Por suerte, un pariente herreño, Amós Adolfo Quintero Padrón, al ver la publicación del citado libro, me señaló la existencia de dos censos (o padrones[3]) más de la isla de El Hierro de los años 1757 y 1771. Esos manuscritos se encontraban guardados por siglos en el Archivo de la Casa Fuerte de Adeje, Tenerife, y luego bajo la autoridad de su mismo ayuntamiento. Los manuscritos de ese archivo creado por la Casa nobiliaria de los Marqueses de Adeje, Condes de La Gomera y Señores de El Hierro, hoy se conservan en El Museo Canario, con la excepción de *"una pequeña*

---

[1] Julio C. Vera, *El Censo de 1680 de La Gomera y El Hierro* (Los Angeles: CreateSpace Independent Publishing Platform, 2016), 1-2. Gran parte de la historia de El Hierro ha sido recuperada brillantemente en la obra de Gloria Díaz Padilla y José Miguel Rodríguez Yanes, *El Señorío en las Canarias occidentales: La Gomera y El hierro hasta 1700* (Excmos. Cabildos Insulares de La Gomera y El Hierro: Santa Cruz de Tenerife, 1990).

[2] Con las familias Baez, Bernal, Chamizo, Diaz, Febles, Gallego, Gutiérrez de Frías, Hernandez, Juandajo, Magdaleno, Marques, Perdigón, Santa Olaya, Pérez, Tapia, Zamora y de Vera.

[3] Usamos la palabra *censo* sobre *padrón* para mantener consistencia entre publicaciones, sabiéndose que se refiere siempre a padrones, matrículas o listados de habitantes, que en vocablo moderno se reúnen bajo el concepto de *censo de población*.

porción [que] fue separada del grueso de la masa documental y actualmente se encuentra depositada en el llamado Fondo Antiguo de la Biblioteca Municipal de Santa Cruz de Tenerife." Gracias a esas dos primeras instituciones, la colección que contiene más de diecisiete mil unidades se ha digitalizado para facilitar su consulta electrónica.[4]

El Archivo nos informa en términos generales que el fondo contiene *"documentación generada en las múltiples facetas de administración y gestión del mayorazgo y Condado de La Gomera, el mayorazgo y Marquesado de Adeje, el mayorazgo y Señorío de El Hierro, los mayorazgos de Ampudia y Cea y el mayorazgo fundado en Sevilla por el Veinticuatro Pedro Suárez de Castilla, al que pertenece el señorío de la Villa de Hinojos, provincia de Huelva."* Y nos agrega que, *"como consecuencia de su carácter nobiliario, contiene un amplísimo abanico de tipos de documentos que reflejan la evolución histórica de los distintos ámbitos de actuación de esta compleja entidad administrativa, desde los puramente económicos hasta los derivados del ejercicio de derechos jurisdiccionales, así como sus relaciones con las distintas instituciones públicas del Antiguo Régimen."*[5]

Entre esa documentación digitalizada del Archivo de la Casa Fuerte de Adeje, bajo la *"Documentación no judicial generada en el ejercicio jurisdiccional señorial - Señorío de El Hierro - Padrones de habitantes,"* se encuentran los nombrados censos de El Hierro, dos copias del año 1757[6] y una del 1771[7] con la siguiente descripción: *"Alcance y contenido: Serie que reúne tres completos padrones de habitantes de la Isla de El Hierro: dos ejemplares del formado en 1757 por orden del Conde de La Gomera y uno de 1771 por orden del Inspector y Segundo Comandante General de Canarias para reglamento de milicias."* De ahí en adelante se pueden descargar una por una las imágenes de cada folio de los censos.[8] Es importante señalar que el Archivo de la Casa Fuerte de Adeje también dispone de un padrón de La Gomera de 1770, ya transcrito por Nelson Díaz Frías.[9]

---

[4] Disponible por medio de la sede del Archivo de la Casa Fuerte de Adeje: www.archivohistoricoadeje.es, donde por supuesto también se elabora su historia y bibliografía.

[5] *Ibid.*

[6] Sus códigos de referencia son: ES 35001 AMC/ACFA 104001 y ES 35001 AMC/ACFA 104002.

[7] Su código de referencia es: ES 35001 AMC/ACFA 104003.

[8] La presente página, todavía en proceso de llevar el catálogo a nivel de documento, titula a los tres ejemplares igualmente, *Documento pendiente de descripción.*

[9] En su obra *Matrimonios de la parroquia de Nuestra Señora de la Asunción de la villa de San Sebastián de La Gomera (1599-1900), Tomo II, (véase el IV Anexo Documental), pp. 243-313. (Ediciones Idea: Santa Cruz de Tenerife, 2015).*

El acceso a las imágenes de estos documentos originales nos ofrece una fuente primaria con un retrato humano valiosísimo de El Hierro en esos años. No obstante, suele ser información inédita, manuscrita con ortografía antigua, obtenida con enfoque hacia un conteo administrativo, y (por supuesto) sin índice que nos ubique en sus detalles onomásticos y familiares. En otras palabras, es una fuente que requiere una transcripción organizada que facilite y avance su investigación. Ese es sencillamente el propósito de este proyecto.

En la presente publicación se ofrece la transcripción completa del primero de los dos censos, el de 1757. Próximamente se hará lo mismo con el de 1771, separando así estos dos para mantener su integridad histórica y manejar sus informes lógicamente.

El censo de 1757 fue elaborado por Antonio Joseph de Armas y Alsola, Beneficiado Rector de la Parroquia de la Inmaculada Concepción conforme *"a pedimiento"* del Conde de la Gomera y Señor de El Hierro y remitido el 6 de agosto de 1757. El padrón contó un total de 3.611 habitantes ubicados en 918 casas, recogiendo los nombres y apellidos (a veces dos apellidos) de las cabezas de esos hogares. Entre esos folios se identificaron los vecinos, los estados civiles de los habitantes, sus cónyuges, hijos/hijas, otros parientes, criados, etc., algunos escasos oficios, y las edades de todos los individuos. Además de esos datos, las enumeraciones se suponen fueron tomadas de casa en casa. Esto nos ilumina algo de la proximidad geográfica de familias con apellidos comunes, enlazadas por matrimonios y parentescos que a veces perduran a lo largo de los años. Estos rasgos también son evidentes en *El Censo de 1680*.

El Archivo cuenta con dos distintas copias manuscritas del mismo listado. La primera, que aquí se designa *Copia A*,[10] luce ser anterior a la segunda por estar un poco más completa y por otras indicaciones. La segunda se designa *Copia B*.[11] La transcripción que sigue favorece la numeración y los datos de la *Copia A,* aunque los informes de la *Copia B* se han utilizado para verificar datos. Donde la *Copia B* ofrece información suficientemente distinta o, en algunos casos, contradictoria a la primera, esas diferencias se han anotado entre corchetes antiguos {}. También se ha favorecido la numeración de las casas de la *Copia A*, ya que la numeración de la segunda contiene errores en varios sitios.

---

[10] La Copia A es la numerada ES 35001 AMC/ACFA 104001
[11] La Copia B es la numerada ES 35001 AMC/ACFA 104002

La numeración de las casas se efectuó zona por zona, comenzando con el número uno (1) en cada nuevo vecindario (*Villa*, *El Pinal*, *El Golfo*, *Sabinosa*, etc.) que se confrontaba, sistema que se preserva en su totalidad en esta transcripción.

Al final de la obra se ha recopilado un índice onomástico de todos los individuos del censo que llevan nombres con apellidos. Cada cita señala el número de su casa precedido por letras que identifican el vecindario donde se encuentra ese hogar.

Además de remitir el informe, el Beneficiado Rector de Armas y Alsola se interesó en ofrecerle al Conde un resumen, fruto de su propia investigación, sobre la historia de la población de El Hierro, rectificando cifras erróneas y aportando algunos datos interesantes sobre los primeros tiempos de la Villa y sus iglesias. Este informe también se ha transcrito y aparece como el Apéndice 1.

Realizado el rescate y la publicación del *Censo de 1680*, estos informes adicionales de 1757 nos proporcionan unos nuevos eslabones para recuperar la historia demográfica de El Hierro, con lo que podremos seguir conectando las huellas de nuestros ancestros herreños.

Los Angeles, 2017

Casa 11	Manuel padron	94·74 / 35
6	Ana su mg.ᵃ	50
6	Petronila	16
6	Petra	14
2	Ana	10
Casa 120	Juan machin	26
4	Ana su mg.ᵃ	25
1	Diego hijo	5
2	Maria	4
Casa 121	Alonso de merida	68
6	M.ᵃ Ana su mg.ᵃ	52
3	Sevastian hijo	16
4	Ana	18
4	M.ᵃ	12
3	Pedro	10
Casa 122	Ana garcia luisa	50
4	Angela su herm.ᵃ	48
4	M.ᵃ hermana	34
Casa 123	Alon.ᵒ padron	35
4	M.ᵃ su mg.ᵃ	42
3	Fran.ᶜᵒ	10
Casa 124	Luis Sanchez	43
4	Agustina su mg.ᵃ	42
3	Fran.ᶜᵒ hijo	14
3	Juan	11
Casa 125	M.ᵃ de la cruz v.ᵈᵃ	65
4	Malg.ᵗᵃ hija	42
Casa 126	Juan machin	40
4	M.ᵃ machin	32
Casa 127	Pedro de meo	48
3	Fran.ᶜᵒ padron	44
		1808

6	Lucia hija	18 / 1808
4	M.ᵃ	14
6	Ana	13
Casa 128	Juan garcia padron	46
6	Ana garcia	53
3	Juan hijo	15
Casa 129	Mig.ˡ garcia	24
4	Cathalina su mg.ᵃ	32
3	Agustin hijo	14
Casa 130	Juan padron pobre	26
4	Lucia su mg.ᵃ	27
1	Nicolas hijo	2
6	Ana su tia	77
Casa 131	Ma gon.ᵒ v.ᵈᵃ	61
4	M.ᵃ su hija	25
Casa 132	Ma gon.ᵒ v.ᵈᵃ	68
4	Ana su hija	25
Casa 133	Fran.ᶜᵃ padron v.ᵈᵃ	55
4	Sevastiana hija	21
		17
3	Fran.ᶜᵒ	12
3	Barm.ᵉ	11
3	Diego	
Casa 134	Catalina de merida v.ᵈᵃ	57
4	Petronila su hija	20
5	Juan fran.ᶜᵒ su tio	60
Casa 135	Melchor garcia	49
4	Lucia su mg.ᵃ	47
4	M.ᵃ hija	19
3	Alonso	14
5	Lucia	7
		1535

Folios 26v-27r
(Copia A, composición de dos imágenes seguidos)

5

Advertencias

{*English translation: see Explanatory Notes, p. 153*}

El censo se encuentra dividido entre zonas denominadas:

La Villa (Valverde)
El Pinal
San Andrés
Barlovento (casas "de abajo")
Barlovento (propio)
El Golfo
Sabinosa

La transcripción y la numeración favorecen los informes de la *Copia A* del manuscrito. Se ha respetado la ortografía original de esa, con la excepción de los acentos que aparecen irregularmente y se han ignorado. También se mantienen las variaciones de nombres y apellidos, aunque en el índice onomástico se recogen bajo un solo estándar común. No obstante, se deben revisar todas las posibles variaciones de nombres y apellidos.

Cuando aparece información contradictoria en la *Copia B*, esas diferencias se han anotado entre corchetes antiguos {}. Los corchetes modernos [ ] se usan para conjeturas, para completar abreviaturas (F^{co} = [Francisco]), para aclarar dudas, cuando aparece como abreviatura bastante común (R^s = [Rodrigues]), o en casos en que se ha transcrito algo difícil de determinar y se ofrece otra interpretación. En donde falta información obvia (como "su mujer") se indica que [no consta] en el original. En muchos casos los nombrados que siguen al cabeza de familia y su esposa no se designan siempre como "hijos/hijas" pero se infiere que los son.

7

El Censo

El Hierro
Censo de 1757

BARLOVENTO

Mocanal

VILLA

Guarazoca

Valverde

Erese

SAN ANDRES

EL GOLFO

SABINOSA

Las Casas

Taibique

EL PINAR

- - - - - - - - - - - - - - -
zonas generales del censo

La enumeración dividió la isla entre seis vecindarios o zonas, demarcadas por unas divisiones generalizadas. Se reflejan los topónimos de la época, posicionados aproximadamente. No se infiere escala estricta. Se basa en el mapa de la obra El Censo de 1680 ya citada y con informes adicionales en *El Hierro: Una Isla Singular* por Carlos Quintero Reboso.

Villa (Valverde)

~ *Casas de Valverde* ~

Antonio Josph de Armas y Alsola, 6 agosto 1757

f. 1r - Matricula de todos los vesinos y personas con la edad que tienen los habitadores desta ysla del Hierro, hecha por mi Antonio Josph de Armas y Alsola, Beneficiado Rector de la Parroquial de la Ynmaculada Concepsion de dha ysla, a pedimiento del X^{mo} Señor Conde de la Gomera y Señor desta Año de 1757.

Casa/f.	Nombre	Descripción	Edad
V-1	**Don Antonio Joseph de Armas**	**benificiado rector**	**36**
f.2r	Doña Eufemia	su hermana	33
	Maria Manuela	sobrina	14
	Mariana[12]	criada	24
	Antonio Joseph	criado	21
V-2	**Don Miguel Antonio [Guadarrama]**	**presbitero**	**40**
f.2r	El Capitan Don Pio Espinosa	capitan	80
	Maria Brito	criada	44
	Agustina	criada	30
	Joseph	criado	28

---

[12] {Maria}

Casa/f.	Nombre	Descripción	Edad
V-3	**Don Juan de Frias**		**60**
f.2r	Doña Mariana[13] Fernandes	su mujer	34
	Don Francisco Antonio	hijo	12
	Mariana	hija	10
	Maria del Pilar	hija	8
	Maria	hija	3
	Maria	sobrina	22
	Juan	esclavo	56
V-4	**Don Matheo Fernandes Salasar**		**66**
f.2v	Doña Mariana de Jesus	su mujer	55
	Sebastiana Litor		70
	Rosa	sobrina	2
	Maria	criada	15
	Joseph	criado	22
V-5	**Don Diego Bueno**		**65**
f.2v	Doña Maria Padron	su mujer	55
	Don Phelipe Bueno	su hijo	28
	Mathias Santos	esclavo	40
	Angela	su mujer[14]	34
	Antonia	esclava	20
	Maria	esclava	10
	Maria	criada	26
V-6	**Don Diego de Acosta**		**54**
f.2v	Doña Ana	su mujer	50
	Don Manuel	su hijo	30
	Don Antonio	hijo	26
	Don Thorivio	hijo	22
	Don Cristoval		20
	Don Miguel		16
	Doña Rita	hija	24

---

[13] {Maria}
[14] Se supone mujer del esclavo Mathias Santos.

Casa/f.	Nombre	Descripción	Edad
V-7	**Don Francisco Perasa**		**58**
f.2v	Maria Padron	su prima	60
V-8	**Don Juan Santiago**		**40**
f.2v	Doña Maria Pareia[15]	su mujer	48
	Don Diego	su hijo	18
	Doña Mariana		23[16]
	Doña Raphaela		10
	Juan	criado	25
	Juana	criada	28
V-9	**Don Gonzalo Padron**		**68**
f.3r	Doña Ana Padron Merida	su mujer	58
	Doña Rita	su hija	28
	Francisco	criado	15
V-10	**Don Juan Quintero**		**60**
f.3r	Doña Maria Febles	su mujer	64
	Thomas	criado	20
V-11	**Don Caietano**		**38**
f.3r	Doña Ana Fernandes	[no consta]	40
	Maria	criada	10
V-12	**Don Bartholome Acosta**		**54**
f.3r	Doña Ysavel	su mujer	33
	Maria	criada	20
	Juan	criado	22
V-13	**Don Pio Ayala**		**38**
f.3r	Doña Ysavel	su mujer	34
	Miguel	su hijo	8
V-14	**Don Joseph Manuel**		**33**
f.3r	Doña Maria	su mujer	22

---

[15] {Pereyra}; Su edad puede ser 44.
[16] Su edad aparece como 25 en la Copia B.

Casa/f.	Nombre	Descripción	Edad
V-15	**Don Angel Magdaleno**[17]		**51**
f.3r	Doña Margarita	su mujer	49
	Joseph	hijo	26
	Miguel	hijo	25
V-16	**Luis Delgado**		**64**
f.3r	Lucia[18]	su mujer	54
	Diego Padron		32
	Rita	su mujer[19]	40
	Diego	su hijo	11
	Lucia	su hija	9
V-17	**Juan de Castañeda**		**44**
f.3r	Ana	su mujer	38
	Juana	su hija	13
V-18	**Maria Febles**	**viuda**	**62**
f.3v	Rosa	su hija	32
V-19	**Patricio Hernandes**		**59**
f.3v	Cathalina	su mujer	58
	Ana	hija	29
	Margarita	hija	25
	Clara	hija	20
	Alexos[20]	hijo	19
	Gabriel	sobrino	10
V-20	**Gabriel Varrera**		**49**
f.3v	Ana	su mujer	48
	Lucia	hija	15
	Joseph	hijo	13
	Agueda[21]	hija	12

---

[17] *Mag^{no}*
[18] {Luysa}
[19] Se supone mujer de Diego Padron.
[20] {Alejos}
[21] {Angela}

Casa/f.	Nombre	Descripción	Edad
V-21	**Juan de la Cruz**		**49**
f.3v	Ysavel	su mujer	50
	Maria	su hija	30
	Margarita		17
	Francisco	hijo	15
	Joseph		14
	Cathalina		11
V-22	**Caietano Padron**		**59**
f.3v	Maria	su mujer	58
	Maria	hija	30
	Miguel	hijo	28
	Juan	hijo	25
	Josepha	[22]	20
	Agustina	[23]	18
V-23	**Luis Padron**		**47**
f.3v	Maria	su mujer	48
	Ysavel	su hija	17
	Clara		15
	Alonso	hijo	24
V-24	**Juan Sanches**		**41**
f.4r	Cathalina	su mujer	39
	Maria	su hija	14
	Josepfa	hija	10
	Diego	hijo	3
V-25	**Antonio Quintero**		**40**
f.4r	Bernarda	su mujer	38
	Maria	su hija	15
	Ysavel		13
	Joseph		12

---

[22] {hija}
[23] {hija}

Casa/f.	Nombre	Descripción	Edad
V-26	**Blas de Castañeda**		**54**
f.4r	Maria	su mujer	52
	Caietano	su hijo	19
	Ysavel		14
	Juan		13
V-27	**Caietano Machin**		**68**
f.4r	Catalina	su mujer	50
	Rita	hija	26
	Helena	hija	22
	Esteban		20
	Maria		18[24]
V-28	**Salvador de los Reies**		**50**
f.4r	Agustina	su mujer	50
	Cathalina	su hija	20
	Sebastian		13
	Manuel		6
V-29	**Don Francisco Varrera**		**41**
f.4r	Antonio Varrera		38
	Ana	su madre	69
V-30	**Joseph de Matos**		**40**
f.4r	Ana	su mujer	33
	Nicolas	hijo	13
V-31	**Joseph Padron**		**36**
f.4v	Ysavel	su mujer	38
	Juan	hijo	13
	Petronila	hija	11
	Bentura	hijo	8
V-32	**Tomas Garcia**		**50**
f.4v	Josepha	su mujer	52
	Juan	hijo	20
	Balthasar	hijo	19

---

[24] Su edad aparece como 19 en la Copia B.

16

Casa/f.	Nombre	Descripción	Edad
V-33	**Sevastian Padron**		**40**
f.4v	Maria Padron	[no consta]	44
	Maria	hija	18
V-34	**Joseph Quintero**		**34**
f.4v	Cathalina	su mujer	38
	Josepfa	hija	13
	Pedro	[no consta]	12
	Nicolas	hijo	10
V-35	**Doña Maria Padron**	viuda	**53**
f.4v	Doña Rosa	hija	28
	Don Joseph		20
	Doña Rita		17
	Doña Josefa		14
V-36	**Don Roberto Padron**		**28**
f.4v	Lucia	su mujer	38
V-37	**Don Balthasar Quintero**		**29**
f.4v	Doña Ana	su mujer	23
	Ysavel	hija	3
	Maria	mosa	21
V-38	**Maria Reies**		**50**
f.4v	Maria	su sobrina	22
	Bartholomina		16
	Diego		14
V-39	**Domingo Enrique**		**40**
f.5r	Ysavel	su mujer	34
f.4r	Ana	su mujer	33
	Nicolas	hijo	13
V-40	**Doña Elena de Brito**		**58**
f.5r	Elena	su criada	22
	Juan de Brito	criado	35
V-41	**Don Diego Peres**		**42**
f.5r	Doña Maria	su mujer	48
	Francisco	hijo	13

Casa/f.	Nombre	Descripción	Edad
	Petra	criada	12
V-42	**Joseph Nuñes**		**41**
f.5r	Antonia	su mujer	44
	Pfelipe	hijo	10
	Bartholome	hijo	7
	Cathalina	hija	2
V-43	**Don Manuel Padron**		**26**
f.5r	Doña Mariana	su mujer	23
	Joseph Antonio	hijo	2
	Don Agustin Padron[25]	viudo	56
V-44	**Doña Maria Padron**	**viuda**	**42**
f.5r	Doña Ana		20
	Doña Cathalina		17
	Don Marcos		14
	Don Gaspar		13
	Ysavel	mosa	59
V-45	**Don Antonio Fonte**		**39**
f.5r	Maria Fonte	[no consta]	34
	Juan Bueno		14
	Beatris		10
	Lucas		3
	Don Lucas		69
V-46	**Patricio Alonzo**		**64**
f.5r	Maria	su mujer	63
	Barvara	hija	16
V-47	**Bicente Quintero**		**40**
f.5v	Juana Peres	su mujer	44
	Tomasa	hija	19
	Josefha		14
	Pedro		10
	Marcos		9

---

[25] {Padro}

18

Casa/f.	Nombre	Descripción	Edad
V-48	**Juan de Cabrera**		**28**
f.5v	Maria	su mujer	20
	Maria	hija	2
V-49	**Juan Rodrigues**		**47**
f.5v	Francisca	su mujer	48
	Juana	hija	19
	Francisco	hijo	8
	Joseph	hijo	7
V-50	**Juan Garcia**		**38**
f.5v	Cathalina	su mujer	49
	Luis	hijo	14
	Maria		12
	Pedro		6
V-51	**Lucas Padron**	molero	**51**
f.5v	Ynes	su mujer	54
	Agustin	hijo	19
	Alonso		10
V-52	**Don Caietano Padron**		**22**
f.5v	Doña Cathalina	hermana	20
	Doña Ana		14
	Don Gaspar		13
	Doña Maria		8
V-53	**Luis Padron**		**54**
f.5v	Maria	su mujer	44
	Maria Padron	hija	8
V-54	**Salvador Padron**		**60**
f.6r	Ana	su mujer	57
	Juana	hija	28
	Ysavel	hija	17
	Joseph	hijo	11
V-55	**Diego Padron**		**34**
f.6r	Maria	su mujer	32
	Salvador	hijo	7

Casa/f.	Nombre	Descripción	Edad
V-56	**Francisco Gutierres**		**50**
f.6r	Beatris	su mujer	50
	Francisco	hijo	20
	Maria	hija	17
V-57	**Gabriel Gutierres**		**22**
f.6r	Maria	su mujer	29
	Juan	hijo	1
V-58	**Matheo Gutierres**		**59**
f.6r	Ana	su mujer	44
	Maria	hija	12
	Gabriela		10
V-59	**Francisco de Merida**		**49**
f.6r	Maria de los Reies	su mujer	39
	Alvaro	hijo	14
V-60	**Juan de Febles**		**54**
f.6r	Ysavel	su mujer	52
	Maria	su hija	19
	Clara		17
V-61	**Sevastiana Varrera**	viuda	**48**
f.6r	Maria	hija	22
	Ana	hija	20
	Antonio	hijo	15
	Maria Ana		13
V-62	**Juan Simon**		**48**
f.6v	Maria	su mujer	47
	Sicilia	hija	19
V-63	**Don Bartholome de Armas**		**44**
f.6v	Ana	su mujer	50
	Bartholome	criado	11
V-64	**Balthasar Padron**		**34**
f.6v	Juana	su mujer	44
	Juan	hijo	8

Casa/f.	Nombre	Descripción	Edad
	Juana[26]		7
	Marcos		2
V-65	**Diego Varrera**		**50**
f.6v	Maria	su mujer	54
V-66	**Juan de Matos Febles**		**77**
f.6v	Magdalena	su mujer	55
	Jines[27]	su hijo	24
	Ana	hija	22
V-67	**Don Manuel Padron**		**38**
f.6v	Doña Ana	su mujer	39
	Paula	hija	14
	Juan Joseph		10
	Juana		5
V-68	**Don Manuel Peres**[28]		**55**
f.6v	Doña Antonia[29]	su mujer	55
	Doña Maria	hija	19
	Doña Caietana		14
V-69	**Manuel Padron**		**59**
f.6v	Magdalena	su mujer	50
	Helena[30]	hija	32
	Lucia		16
	Maria Manuela[31]		14
	Juan	hijo	13
	Francisco	hijo	12
V-70	**Petronila Pavia**	**viuda**	**44**
f.7r	Francisco	hijo	20
	Pablo		16

---

[26] Juana aparece como la última en su casa en la Copia B.
[27] {Hine}
[28] Aparecen las palabras *Cas* o *Cap* despúes de *Peres*.
[29] {Ana}
[30] {Elena}
[31] {Mariamuela}

Casa/f.	Nombre	Descripción	Edad
V-71	**Juan de Leon Samora**		**48**
f.7r	Lucia	su mujer	50
V-72	**Don Juan Barrera**		**52**
f.7r	Doña Maria	su mujer	40
	Nicolas	hijo	12
	Juana	hija	11
V-73	**Don Francisco Fernandes**		**41**
f.7r	Doña Maria	su mujer	31
	Josepfa	su hija	14
	Elena de Brito	su madre	66
	Alonso	criado	19
V-74	**Pedro Padilla**		**55**
f.7r	Ysavel	su mujer	48
V-75	**Juan Fernandes**		**59**
f.7r	Maria	su mujer	58
	Blacina	hija	29
	Ana	hija	24
	Josepha		15
	Rita		13
V-76	**Miguel de Brito**		**40**
f.7r	Ana	su mujer	39
	Ana	hija	3
V-77	**Cathalina Amador**		**62**
f.7r	Rita	hija	30
	Cathalina		18
V-78	**Dionicio Fernandes**		**31**
f.7r	Juana Rita	su mujer	26
	Antonia Josefa		12
	Diego Joseph		2
	Michaela	hija	1
	Joseph	criado	23
	Antonia	criada	22

Casa/f.	Nombre	Descripción	Edad
V-79	**Alonso Morales**		**61**
f.7v	Agustina	su mujer	53
	Ynes	hija	20
V-80	**Don Estevan Fernandes**		**49**
f.7v	Doña Maria	su mujer	48
	Doña Bernarda	hija	26
	Doña Ana		24
	Don Theodoro		22
	Doña Juachina		13
	Doña Antonia		11
	Antonio		8
	Juan	criado	22
V-81	**Francisco Gutierres**		**34**
f.7v	Maria Pavia	su mujer	29
	Gabriel	hijo	3
V-82	**Doña Agustina Paiva**	**viuda**	**55**
f.7v	Don Antonio	hijo	20
	Thomas	hijo	18
	Domingo	hijo	15
V-83	**Joseph Padron**		**42**
f.7v	Juana	su mujer	45
	Juan	hijo	14
	Cristoval		9
V-84	**Gaspar Padron**		**40**
f.7v	Ygnes	su mujer	28
	Caietana	hija	1
V-85	**Francisco Padron**		**48**
f.7v	Maria de la Concepcion	su mujer	43
	Cathalina	hija	2
V-86	**Mathias Fonte**		**70**
f.8r	Maria	su mujer	56
	Cathalina	hija	20
	Gaspar	hijo	18

Casa/f.	Nombre	Descripción	Edad
V-87	**Joseph de Armas**		**45**
f.8r	Agustina	su mujer	40
	Antonio	hijo	11
V-88	**Juan de Brito**	**viudo**	**70**
f.8r	Caietana	hija	49
	Josefha	nieta	16
V-89	**Cristoval de Matos**		**30**
f.8r	Maria	su mujer	24
	Maria	cuñada	15
V-90	**Francisco**	**cuñado [sic]** [32]	**14**
f.8r	Catalina	suegra [sic] [33]	58
V-91	**Juan Garcia de la Cruz**		**55**
f.8r	Maria Garcia	su mujer	50
	Maria	sobrina	15
V-92	**Domingo Hernandes**		**40**
f.8r	Domingo	sobrino	9
	Diego	criado	14
V-93	**Miguel Francisco**		**29**
f.8r	Maria	su mujer	28
	Agustina	hija	4
V-94	**Cathalina Gonzales**		**80**
f.8r	Ana Marques	[no consta]	70
V-95	**Juan Fernandes**	**viudo**	**82**
f.8r	Antonia	hija	29
V-96	**Don Thomas de Espinosa**[34]		**58**
f.8r	Doña Cathalina	su mujer	54
	Don Juan de la Varreda	hijo	28
	Don Joseph	hijo	20

---

[32] Puede ser cuñado de Cristobal de Matos, de la casa anterior, V-89.
[33] Puede ser suegra de Cristobal de Matos, de la casa anterior, V-89.
[34] Puede ser *Despinosa*.

Casa/f.	Nombre	Descripción	Edad
	Lucia[35]	sobrina	20
V-97	**Don Antonio Davila**		**42**
f.8v	Doña Agustina		48
	Balthasar	hijo	22
	Benito	hijo	11
	Francisca	criada	28
	Bentura	criado	14
V-98	**Agustin Fonte**		**44**
f.8v	Sevastiana	su mujer	48
	Cathalina	hija	16
	Sevastiana		15
	Jacinta		11
	Pedro		10
	Mathias		7
	Bernarda		2
V-99	**Pedro Quintero**		**88**
f.8v	Maria	su mujer	54
	Bernarda	hija	35
	Ana	hija	28
	Antonia		25
	Juan		24
	Antonio		23
V-100	**Don Juan de Armas**		**51**
f.8v	Petronila	su mujer	40
	Anbrosio	hijo	24
	Pedro Pio		12
	Maria		2
V-101	**Juan Gutierres Quintero**		**70**
f.8v	Lazara	su mujer	78
	Maria	hija	54

---

[35] {Luisa}

Casa/f.	Nombre	Descripción	Edad
V-102	**Juan de Casaña**[36]		**42**
f.9r	Maria	su mujer	39
	Antonio	hijo	18
V-103	**Don Alonso Quintero**		**33**
f.9r	Josefa	su madre	52
	Maria	su hermana	27
V-104	**Don Sevastian Padron**	viudo	**60**
f.9r	Maria de los Reies	criada	58
V-105	**Don Sevastian de Ayala**		**34**
f.9r	Doña Leonor	[no consta]	31
	Bernardo	hijo	8
V-106	**Don Sevastian Joseph**		**44**
f.9r	Rafael	hijo	13
	Juan Miguel		11
	Domitila		8
V-107	**Don Miguel Espinosa**		**30**
f.9r	Petronila	su mujer	29
	Pedro Thomas	hijo	7
V-108	**Francisco Padron**		**62**
f.9r	Maria	su mujer	58
	Juan	su hijo	22
V-109	**Juan de Artheaga**		**58**
f.9r	Maria	su mujer	59
	Maria	sobrina	15
V-110	**Balthasar de Morales**		**80**
f.9r	Maria	su mujer	76
V-111	**Juan de Guadarrama**		**52**
f.9r	Maria	su mujer	58
	Bartholome	hijo	22
V-112	**Lucas Perdomo**		**59**
f.9v	Maria	su hija	22
	Juana	hija	20

---

[36] Puede ser *de Casañas*.

Casa/f.	Nombre	Descripción	Edad
V-113	**Francisco Marrero**		**68**
f.9v	Leonor	su mujer	58
	Ana	hija	28
	Diego	hijo	22
	Ysavel		27
	Antonio		16
V-114	**Sevastian Gonzales**		**41**
f.9v	Ynes	su mujer	39
	Pedro	su hijo	12
	Juan	hijo	8
V-115	**Antonio Benites**		**39**
f.9v	Andrea	su mujer	30
	Maria	hija	10
	Joseph		5
V-116	**Bartholome de Chaves**		**68**
f.9v	Maria	hija	24
	Joseph	hijo	20
V-117	**Agustin Gonzales**		**39**
f.9v	Lucia	su mujer	38
	Maria	hija	26
	Joseph		14
V-118	**Juan Marcos**		**90**
f.9v	Bitoria[37]	[no consta]	72
	Bartholomina		30
V-119	**Gaspar de Artheaga**		**40**
f.9v	Ana	[no consta]	39
	Juan	hijo	10
V-120	**Gonsalo Peres**		**30**
f.10r	Maria	su mujer	42
	Maria	hija	10
	Juan	hijo	9

---

[37] {Victoria}

Casa/f.	Nombre	Descripción	Edad
V-121	**Agustina Castañeda**	**viuda**	**58**
f.10r	Josepha	hija	27
V-122	**Bartholome Cairos**[38]		**77**
f.10r	Magdalena		51
	Manuela	hija	20
V-123	**Diego Gonzales**		**65**
f.10r	Ana	su mujer	60
	Diego	su nieto	9
V-124	**Pedro Quintero**		**60**
f.10r	Cathalina	su mujer	58
	Agustin	hijo	12
V-125	**Juan Padron**		**55**
f.10r	Juana	su mujer	42
	Maria	hija	17
	Cathalina	hija	14
V-126	**Juan Padron**		**80**
f.10r	Margarita	hija	54
	Pedro	nieto	10
V-127	**Salvador Francisco**		**59**
f.10r	Agustina	su mujer	50
	Francisca	su hija	28
	Cathalina		20
	Lucas		6
V-128	**Don Manuel Padron**		**49**
f.10r	Francisca	su mujer	52
V-129	**Ana de Merida**	**viuda**	**58**
f.10v	Maria Ana	hija	22
	Joseph		20
	Margarita		17
	Evfenia[39]		16
	Maria Ana		14

---

[38] {Cayros}
[39] {Eufemia}

Casa/f.	Nombre	Descripción	Edad
V-130	**Antonio Padron Brito**		**32**
f.10v	Juana	su mujer	39
	Joseph	hijo	7
V-131	**Manuel Padron**	**viudo**	**72**
f.10v	Joseph	hijo	20
V-132	**Manuel Fernandes**		**38**
f.10v	Antonia	su mujer	30
	Joseph	hijo	7
V-133	**Miguel Fernandes**		**38**
f.10v	Maria	su mujer	40

Texto: *133 vecinos; 536 personas*[40]

---

[40] Estas cifras del manuscrito concuerdan con el conteo de esta transcripción.

El Pinal

~ Casas de El Pinal ~

Antonio Josph de Armas y Alsola, 6 agosto 1757

Casa/f.	Nombre	Descripción	Edad
P-1	**Mathias Padron**		**54**
f.11r	Maria	su mujer	52
	Rita	hija	20
	Francisca	hija	14
P-2	**Diego Padron**		**33**
f.11r	Juana	su mujer	29
	Marcos	hijo	8
	Maria	hija	6
	Mathias		3
	Ysavel		2
P-3	**Juan de Febles**		**49**
f.11r	Ynes	su mujer	52
	Antonia	hija	12
	Maria	hija	8
P-4	**Juan de Febres**		**33**
f.11r	Rosa	su mujer	43
	Ynes	su hija	9
	Manuel		6
	Matheo		4

Casa/f.	Nombre	Descripción	Edad
	Francisca[41]		3
P-5	**Francisco Gonzales**		**44**
f.11r	Francisca	su mujer	48
	Juan	hijo	10
	Maria	hija	8
	Pedro		4
P-6	**Joseph Quintero**		**43**
f.11r	Andrea	su mujer	47
	Cathalina	hija	12
	Juan		9
	Ynes		6
	Maria	hija	5
	Rita		3
P-7	**Ana Molina**	**viuda**	**51**
f.11v	Cathalina	hija	30
P-8[42]	**Ana Castañeda**	**viuda**	**60**
f.11v	Rita	hija	30
P-9[43]	**Luis Hernandes**		**30**
f.11v	Maria Castañeda	su mujer	32
P-10	**Pedro Machin**		**50**
f.11v	Ana	su mujer	49
	Maria	hija	19
	Juan		17
	Juaquin		13
	Agustina		10
P-11	**Matheo de Febles**		**59**
f.11v	Ana	su mujer	40
	Francisco		16
	Manuel		12
	Ana		9
	Joseph		5
P-12	**Francico de Fleitas**		**80**
f.11v	Magdalena	su mujer	68

[41] {Francisco}
[42] Casa numerada 9 en la Copia B.
[43] Casa numerada 8 en la Copia B.

Casa/f.	Nombre	Descripción	Edad
P-13	**Fernando Machin**		**54**
f.11v	Cathalina	su mujer	40
	Pedro	hijo	11
	Maria		4
	Fernando		3
	Ynes		2
P-14	**Manuel de Febles**		**28**
f.12r	Maria	su mujer	30
	Rita	hija	5
	Maria		3
P-15	**Francisco Padron**		**57**
f.12r	Ana	su mujer	59
	Maria	hija	24
	Rita		20
	Ana		18
	Cathalina		11
	Maria [sic]		9
P-16	**Juan Fernandes**		**30**
f.12r	Juana	su mujer	21
	Francisco	hijo	7
	Manuel		5
	Antonio		3
	Ana		2
P-17	**Pedro Morales**		**40**
f.12r	Ana	su mujer	34
	Rita	hija	20
	Bartholomina		16
	Cristobal		13
	Bruno		10
	Manuel		8
	Pedro		7
	Ana		5
	Maria		1
P-18	**Bartholome de Armas**		**55**
f.12r	Ana	su mujer	40
	Antonia	hija	22

Casa/f.	Nombre	Descripción	Edad
P-19	**Andres Gonzales**	viudo	**70**
f.12v			
P-20	**Rodrigo Machin**		**40**
f.12v	Antonia	su mujer	48
P-21	**Bartholome Hernandes**		**41**
f.12v	Ana de Castañeda	[no consta]	38
P-22	**Nicolas Hernandes**		**58**
f.12v	Maria	su mujer	52
	Bartholome	hijo	20
	Juan		19
P-23	**Sebastian de Cabrera**		**55**
f.12v	Maria	su mujer	50
	Francisca	hija	14
	Beatris		11
	Cathalina		9
	Juan		7
P-24	**Lucas Hernandes**		**53**
f.12v	Angela	[no consta]	59
	Maria	hija	28
	Agustina		24
	Ana		23
	Josepha		21
	Bernarda		20
	Bartholomina		8
P-25	**Antonio Quintero**		**40**
f.12v	Maria	su mujer	37
	Antonia	hija	7
	Maria		3
P-26	**Juan Garcia de los Reies**		**42**
f.12v	Margarita	su mujer	40
	Maria	hija	10
	Antonio		7
	Raimundo		4
	Juan		2
P-27	**Francisco Quintero**		**34**
f.13r	Bernarda	su mujer	33

Casa/f.	Nombre	Descripción	Edad
	Cristoval	hijo	20
	Ana		10
	Maria		9
	Joseph		3
P-28	**Maria Padron**	**viuda**	**49**
f.13r	Bartholomina		15
	Bentura		9
	Bartholome		3
P-29	**Andres Gonzales**	**moso**[44]	**30**
f.13r	Rita	su mujer	38
	Ana	su hija	2
P-30	**Manuel Hernandes**	**viudo**	**61**
f.13r	Maria	hija	27
	Ana		20
P-31	**Francisca Gutierres**	**mosa**	**78**
f.13r			
P-32	**Miguel de Brito**		**68**
f.13r	Maria	su mujer	60
P-33	**Maria de Merida**	**viuda**	**59**
f.13r			
P-34	**Maria de los Reies**	**viuda**	**88**
f.13r			
P-35	**Lazaro de Acosta**		**58**
f.13r	Bartholomina	su mujer	44
	Diego	su hijo	22
	Ynes	hija	18
	Ana		16
	Francisca		14
P-36	**Bartholome Hernandes**		**39**
f.13v	Bartholomina		38
	Barbara		6
	Juan		4

---

[44] Se supone *moso* en el sentido de *el meno*, ya que aparece casado.

Casa/f.	Nombre	Descripción	Edad
P-37	**Juan de los Reies**		**30**
f.13v	Cathalina	su mujer	34
	Juan	hijo	7
P-38	**Bartholome Gonzales**		**74**
f.13v	Cathalina	su mujer	51
P-39	**Juan de Morales**		**35**
f.13v	Maria	su mujer	34
	Cathalina	su hija	18
	Maria		14
	Juan		11
	Francisco		8
	Maria		5
P-40	**Mathias Hernandes**		**38**
f.13v	Ynes Garcia	su mujer	50
	Juana	hija	23
	Maria		18
	Margarita		11
	Francisco		8
P-41	**Bartholome Hernandes**		**38**
f.13v	Maria	su mujer	34
	Maria	su hija	14
P-42	**Phelipa Padron**	**viuda**	**80**[45]
f.13v	Ana	hija	29
	Jeronima		14
P-43	**Bartholome Garcia**		**38**
f.13v	Maria	su mujer	34
	Rita	hija	3
P-44	**Nicolas de Morales**		**42**
f.13v	Maria	su mujer	44
	Pedro	hijo	11
	Balthasar		9
	Nicolas		6

---

[45] Su edad aparece así, no obstante la edad de su supuesta hija, Jerónima.

Casa/f.	Nombre	Descripción	Edad
P-45	**Francisco Morales**		**41**
f.14r	Ana	su mujer	38
	Rita	hija	3
P-46	**Maria Padron Luire**	**[no consta]**	**59**
f.14r			
P-47	**Maria de los Reies**	**[no consta]**	**80**
f.14r	Ysavel Marques	[no consta]	83
P-48	**Nicolas Fernandes de Armas**		**54**
f.14r	Maria	su mujer	52
	Maria	hija	22
	Bartholome		19
	Juana		16
P-49	**Sevastian de Cabrera**		**41**
f.14r	Maria	su mujer	44
	Maria	hija	27
	Francisco		14
	Cathalina		12
	Beatris		7
P-50	**Antonio Quintero**		**41**
f.14r	Maria	su mujer	40
	Antonio	hijo	7
	Maria		3
P-51	**Juan Garcia**		**39**
f.14r	Margarita	[no consta]	41
	Maria	hija	9
	Antonio		7
P-52	**Francisco Quintero**		**44**
f.14r	Bernarda	su mujer	38
	Cristoval	hijo	14
	Ana		13
	Maria		8
	Joseph		3
P-53	**Ysavel Marques**	**viuda**	**60**
f.14v	Ysavel	hija	28

Casa/f.	Nombre	Descripción	Edad
P-54	**Juan Marcos**		**89**
f.14v	Bictoria	su mujer	61
	Maria Ana	[no consta]	29
P-55	**Maria Varrera**	**viuda**	**44**
f.14v	Bartholomina	[no consta]	14
	Cathalina		11
	Bentura		9
	Maria		6
P-56	**Manuel Hernandes**	**viudo**	**58**
f.14v	Maria	hija	28
	Ana		24
	Bartholomina		12
P-57	**Batholomina Gutierres**	**viuda**	**39**
f.14v			
P-58	**Juan Sanches**	chico[46]	**68**
f.14v	Leonor	su mujer	80
P-59	**Juan de los Reies**		**42**
f.14v	Cathalina	su mujer	32
	Juan	hijo	4
P-60	**Miguel de Brito**		**64**
f.14v	Maria	su mujer	59
P-61	**Maria de Merida**	**viuda**	**58**
f.14v			
P-62	**Diego Padron Artiaga**		**48**
f.14v	Ysavel	su mujer	46
	Diego	hijo	17
	Juan		10
P-63	**Maria de los Reies**	**viuda**	**89**
f.15r			
P-64	**Lazaro de Acosta**		**58**
f.15r	Maria	su mujer	57
	Diego	hijo	20
	Ynes		15
	Ana		14

[46] Se supone *chico* en sentido de *el menor*.

Casa/f.	Nombre	Descripción	Edad
	Francisca[47]		12
P-65	**Bartholome Hernandes**		**40**
f.15r	Bartholomina	su mujer	34
	Barbara	hija	4
	Juan		3
P-66	**Martin Rodrigues**		**34**
f.15r	Maria Quintero	[no consta]	38
	Sipriana	hija	3
	Pedro		1
P-67	**Bartholome Gonzales**		**60**
f.15r	Cathalina	su mujer	49
P-68	**Juan de Morales**		**40**
f.15r	Maria	su mujer	34
	Cathalina	hija	16
	Maria		17
	Juan		10
	Francisco		9
	Maria		7
	Joseph		2
P-69	**Mathias Hernandes**		**39**
f.15r	Ynes	su mujer	42
	Juana	hija	18
	Margarita		8
	Francisco		7
P-70	**Juan Fernandes**		**32**
f.15v	Maria	su mujer	41
	Juan	hijo	1
P-71	**Bartholome Hernandes**		**33**
f.15v	Maria	su mujer	48
	Cathalina	hija	9
	Ana		8
	Sipriana		7
P-72	**Joseph Fernandes**	viudo	**84**
f.15v			

---

[47] {Francisco}

~ P ~

Casa/f.	Nombre	Descripción	Edad
P-73	**Bartholome Garcia**		**42**
f.15v	Maria	su mujer	50
	Rita	hija	4
P-74	**Nicolas de Morales**		**52**
f.15v	Maria	su mujer	30
	Balthasar		9
	Nicolas		8
P-75	**Maria Castañeda**	**viuda**	**50**
f.15v			
P-76	**Patricio de Chaves**		**60**
f.15v	Maria	su mujer	55
	Ynes	hija	19
	Bartholome		17
P-77	**Francisco Morales**		**44**
f.15v	Ana	su mujer	48
	Rita	hija	15
	Manuel		10
	Ana		7
P-78	**Juan Quintero**		**24**
f.15v	Maria	su mujer	30
	Nicolas	hijo	2
P-79	**Joseph Quintero**		**50**
f.15v	Ana	su mujer	48
P-80	**Francisco Quintero Saucedo**		**34**
f.16r	Cathalina	[no consta]	34
	Lucia	hija	13
	Miguel		10
	Maria		8
	Ynes		6
P-81	**Bartholome Hernandes**		**38**
f.16r	Ana	su mujer	35
	Bartholome	hijo	6
	Lucas		3
P-82	**Lucas Montero**		**50**
f.16r	Maria	su mujer	48

39

Casa/f.	Nombre	Descripción	Edad
	Maria	hija	22
	Petronila		20
	Salvador		10
	Lucas		6
P-83	**Andres Hernandes**		**44**
f.16r	Ana	su mujer	44
	Sevastian		9
	Maria		7
	Rita		5
P-84	**Francisco Juan**		**45**
f.16r	Leonor	su mujer	47
	Francisco	hijo	13
	Sevastian		11
	Bartholome		8
P-85	**Juan Francisco**		**49**
f.16r	Maria	su mujer	38
P-86	**Balthasar Hernandes**		**42**
f.16r	Ynes	su mujer	30
	Bartholome		6
P-87	**Joseph de Morales**		**46**
f.16v	Maria	su mujer	38
	Cathalina	hija	15
	Salvador		12
	Francisco		10
	Martin		7
	Maria		5
	Ana		2
P-88	**Joseph Padron**		**49**
f.16v	Ana	su mujer	32
	Maria	hija	7
	Ana		6
	Cathalina		3
P-89	**Maria de Merida**	**viuda**	**60**
f.16v			

Casa/f.	Nombre	Descripción	Edad
P-90	**Cathalina Gonzales**	**viuda**	**77**
f.16v	Antonia	hija	28
	Ynes		24
P-91	**Cathalina Martin**	**viuda**	**80**
f.16v			
P-92	**Magdalena Gonzales**	**viuda**	**70**
f.16v	Cathalina	hija	29
	Juan		25
P-93	**Juan Sanches**		**38**
f.16v	Ynes	su mujer	37
	Juan	hijo	7
	Maria	suegra	70
P-94	**Joseph de Castañeda**		**33**
f.16v	Maria	su mujer	35
	Maria	hija	18
	Diego		15
	Ana		11
	Sevastian		10
	Miguel		7
	Ysavel		5
	Josepha		2
P-95	**Manuel de Chabes**		**50**
f.17r	Maria	su mujer	49
	Ana	hija	22
	Maria		15
	Ysavel		9
	Cathalina		8
P-96	**Lucas Sanches**		**32**
f.17r	Maria	su mujer	51
	Andres	hijo	24
	Ana		11
P-97	**Juan Toribio**		**55**
f.17r	Petronila	su mujer	58
	Maria	hija	28

Casa/f.	Nombre	Descripción	Edad
	Ana		22
	Ysavel		19
P-98	**Marcos Francisco**		**62**
f.17r	Maria	su mujer	60
	[Magdalena]	hija	28
	Maria		22
P-99	**Andres Gonzales**		**27**
f.17r	Rita	su mujer	30
P-100	**Leonor de Simancas**	**viuda**	**66**
f.17r	Cathalina	hija	20
	Maria	hija	19
	Bartholome		15
P-101	**Juan Padron**		**48**
f.17v	Maria	su mujer	30
	Alonzo		9
	Rodrigo		7
	Rita		5
P-102	**Francisco Juan**		**68**
f.17v	Leonor	[no consta]	60
	Alonzo		22
	Ynes		18
	Pedro		14
P-103	**Ynes de Merida**	**viuda**	**80**
f.17v			
P-104	**Juan de Morales**		**50**
f.17v	Maria	su mujer	40
	Rita	hija	11
	Bartolomina		8
	Juan		6
	Antonia		2
P-105	**Juan Padron Nuñes**		**50**
f.17v	Ana	su mujer	51
	Salvador	hijo	17
	Cathalina		14
	Maria		13
	Lorenzo		10

Casa/f.	Nombre	Descripción	Edad
	Ana		1
P-106	**Cathalina de Merida**	**viuda**	**82**
f.17v			
P-107	**Bartholome Hernandes**		**48**
f.17v	Francisca	su mujer	52
	Ana	su hija	16
	Juana		13
	Blacina		11
	Barvara		9
P-108	**Juan Quintero**		**59**
f.18r	Cathalina	su mujer	52
	Maria	su hija	17
	Pedro		11
	Maria Reies		9
P-109	**Gaspar Dias**		**37**
f.18r	Maria	su mujer	38
	Catharina	hija	11
	Diego		9
	Maria		7
P-110	**Francisco Rodrigues**		**48**
f.18r	Agustina	su mujer	44
	Maria	hija	15
	Ygnes		11
	Juan		8
	Antonio		7
P-111	**Rodrigo Machin**		**28**
f.18r	Rita	su mujer	30
P-112	**Mathias Hernandes**		**80**
f.18r	Ynes	su mujer	50
	Juana	hija	20

Texto: *112 vecinos; 982 personas*[48]

---

[48] El total de personas es suma del apartado anterior con este de El Pinal. Nuestra transcripción cuenta 112 vecinos y 445 personas en El Pinal, con un total de 981 personas.

San Andrés

~ Casas de San Andrés ~

Antonio Josph de Armas y Alsola, 6 agosto 1757

Casa/f.	Nombre	Descripción	Edad
SA-1	**Diego de Fuentes**		**30**
f.18v	Antonia	su mujer	31
	Juan Garcia	suegro	80
SA-2	**Francisco Martel**		**71**
f.18v	Maria	mujer	58
	Maria	hija	27
	Beatris		24
	Maria [sic]		22
	Ana		20
	Diego		19
	Francisco		16
	Maria [sic]		13
SA-3	**Ysavel Delgado**	**mosa**	**48**
f.18v	Maria	su hermana	40
	Juan	sobrino	8
SA-4	**Juan Machin**		**30**
f.18v	Antonia		34
SA-5	**Juan Francisco**		**39**
f.18v	Elena	su mujer	40
	Juan	hijo	7

Casa/f.	Nombre	Descripción	Edad
SA-6	**Francisco de Leon**		**30**
f.18v	Elena	[no consta]	32
	Agustin	hijo	9
	Juan		4
	Maria		1
SA-7	**Matheo de Armas**		**34**
f.18v	Ana	su mujer	37
	Francisco	hijo	17
	Maria		13
	Bartholome		9
	Ana		7
SA-8	**Francisco [Morales]**		**38**
f.19r	Maria	su mujer	30
	Maria	hija	4
SA-9	**Bartholome Garcia**		**88**
f.19r	Maria	su mujer	78
SA-10	**Gonsalo Peres**		**55**
f.19r	Maria	su mujer	58
	Petronila		20
SA-11	**Miguel de Castañeda**		**24**
f.19r	Maria	su mujer	26
	Maria	hija	2
SA-12	**Miguel de Fleitas**		**40**
f.19r	Maria	su mujer	44
	Juan	hijo	2
SA-13	**Juan Padron**		**59**
f.19r	Ana	su mujer	58
	Martin	hijo	28
	Lucia		24
	Maria		20
	Bartholome		14
	Rita		12

Casa/f.	Nombre	Descripción	Edad
SA-14	**Bernarda Espinosa**	**viuda**	**58**
f.19r	Beatris	hija	25
	Sevastian[49]		15
	Maria		12
SA-15	**Silvestre Gutierres**		**42**
f.19r	Agustina	su mujer	48
	Bartholome	hijo	23
	Beatris		12
	Ana		10
	Agueda	cuñada	80
SA-16	**Manuel Gonzales**		**62**
f.19v	Maria	su mujer	58
	Maria	hija	26
	Miguel		16
	Beatris	cuñada	72
SA-17	**Andres de Leon**		**36**
f.19v	Ana	su mujer	40
SA-18	**Ines de Espinosa**	**viuda**	**60**
f.19v	Francisca	hermana	55
SA-19	**Francisco Gonzales**		**72**
f.19v	Petronila	su mujer	66
	Maria	su hija	21
	Ana	su hija	19
	Cathalina		17
	Petronila		13
SA-20	**Diego Padron**		**43**
f.19v	Cathalina	su mujer	48
	Maria	su hija	15
	Ana		13
	Juan		11
	Bartholome		9
SA-21	**Gabriel de Cabrera**		**66**
f.19v	Isavel	su mujer	58
	Josepfa		18

---

[49] {Sebastiana}

Casa/f.	Nombre	Descripción	Edad
SA-22	**Francisco Samora**		**30**
f.19v	Sevastiana	su mujer	40
	Isavel	hijo	3
SA-23	**Francisco Samora**		**30**
f.19v	Theresa	[no consta]	11
	Ana		8
	Francisco		5
SA-24	**Matheo de Armas**		**44**
f.20r	Juana	su mujer	50
	Maria	hija	24
	Francisco		22
SA-25	**Agustin de Armas**		**42**
f.20r	Ana	su mujer	49
	Domingo	hijo	18
	Ana		15
	Maria		14
	Bernarda		12
	Cathalina		10
	Diego		9
	Juan		6
	Andrea		5
SA-26	**Francisco de Leon**		**41**
f.20r	Maria	su mujer	52
	Ana	hija	18
	Cathalina		15
	Petronila		11
	Maria	madre	78
SA-27	**Diego Febles**		**45**
f.20r	Cathalina	su mujer	39
	Domingo	hijo	15
	Maria		11
	Manuel		8
	Andrea		4
SA-28	**Juan Revoso**		**45**
f.20r	Agustina	su mujer	47
	Maria	hija	8

Casa/f.	Nombre	Descripción	Edad
SA-29	**Francisco Gonzales**		**54**
f.20r	Cathalina	su mujer	55
	Theresa		27
SA-30	**Francisco Sevastian**		**32**
f.20v	Cathalina	su mujer	48
	Juan	hijo	28
	Matheo		15
	Miguel		12
SA-31	**Joseph de Leon**	**viudo**	**58**
f.20v	Maria	hija	14
	Bernardo		8
SA-32	**Andres de Lima**		**38**
f.20v	Beatris	su mujer	40
SA-33	**Cathalina Theresa**		**54**
f.20v	Theresa	hija	27
SA-34	**Pedro Hernandes**		**49**
f.20v	Juana	su mujer	51
	Francisco	hijo	12
	Juan	hijo	8
SA-35	**Miguel Garcia**		**50**
f.20v	Francisca	su mujer	48
	Ana	hija	22
	Ines		19
	Maria		16
SA-36	**Manuel Gonzales**		**38**
f.20v	Lucia	su mujer	35
	Cathalina	hija	6
	Ines		3
SA-37	**Balthasar Mendes**		**55**
f.20v	Francisca Gonzales	[no consta]	49
	Maria	nieta	10
SA-38	**Ana Morales**	**viuda**	**62**
f.20v	Cathalina	hija	26
	Petronila		24
	Pedro		22

Casa/f.	Nombre	Descripción	Edad
SA-39	**Juan de Morales**		**43**
f.21r	Maria	su mujer	40
	Antonio	hijo	16
	Juan		8
	Bartholome		5
	Ana		2
SA-40	**Lucas de Leon**		**80**
f.21r	Cathalina	su mujer	54
	Juan	hijo	20
	Melchora[50]		18
SA-41	**Pedro Machin**		**44**
f.21r	Juana	su mujer	51
	Maria	su hija	20
	Juana		16
	Francisco		14
	Pedro		9
SA-42	**Maria Padron**	**viuda**	**59**
f.21r	Joseph	hijo	24
SA-43	**Pedro Hernandes**		**52**
f.21r	Juana	su mujer	50
	Maria	hija	8
	Juan		6
SA-44	**Francisco Padron**		**40**
f.21r	Constansa	mujer	32
SA-45	**Juan Sanches**	**viudo**	**60**
f.21r	Ysavel		51
	Sipriana[51]		22
SA-46	**Juan de Armas**	**viudo**	**59**
f.21r	Luis	su hijo	20
	Maria		17
	Bartholome		4

---

[50] {Melchor}
[51] {Sipreana}

49

Casa/f.	Nombre	Descripción	Edad
SA-47	**Andres Acosta**		**36**
f.21v	Maria	su mujer	49
	Maria	hija	10
	Bartholome		4
SA-48	**Juan de Castañeda**		**35**
f.21v	Juana[52]	su mujer	47
SA-49	**Miguel de Fleitas**		**59**
f.21v	Ana	su mujer	49
	Cathalina	hija	25
	Maria		16
	Francisco		10
SA-50	**Bartholome Morales**		**55**
f.21v	Marta	su mujer	59
	Ana	sobrina	20
SA-51	**Caetano de Armas**		**34**
f.21v	Maria	su mujer	40
	Ana	hija	8
	Agustin		4
SA-52	**Francisco Padron**		**38**
f.21v	Catalina	su mujer	40
	Lasara	cuñada	50
SA-53	**Pedro Quintero**		**48**
f.21v	Maria	su mujer	47
	Matheo	hijo	18
	Maria		16
	Petronila		14
	Ana		13
	Pedro		12
	Francisca		9
	Antonio		8
SA-54	**Agustina de Armas Luire**	[no consta]	**37**
f.21v			
SA-55	**Ysavel de Morales**	viuda	**52**
f.22r			

---

[52] La Copia B dice erroniamente "Juan - su mujer."

50

Casa/f.	Nombre	Descripción	Edad
SA-56	**Alonso de Armas**		**42**
f.22r	Maria	su mujer	39
	Juan	hijo	12
	Francisco		9
	Malgarita		5
SA-57	**Matheo de Armas**		**42**
f.22r	Ana	su mujer	38
	Ana	hija	21
	Andrea		17
	Ysavel		13
	Juan		12
	Maria		8
	Antonia		6
	Matheo		3
SA-58	**Juan de Morales**		**52**
f.22r	Ysavel	su mujer	42
	Ana	su hija	27
	Joseph		16
SA-59	**Nicolas Padron**		**52**
f.22r	Antonia	su mujer	42
SA-60	**Bernardo de Espinosa**		**29**
f.22r	Maria Ramos		32
SA-61	**Juan Sanches**		**40**
f.22r	Maria	su mujer	30
	Maria	hija	12
	Cathalina		10
	Juan		9
SA-62	**Miguel Garcia**		**44**
f.22r	Lucia	su mujer	39
	Maria	hija	12
	Catalina		10
	Ana		9
	Joseph		8
	Francisca		6

Casa/f.	Nombre	Descripción	Edad
SA-63	**Joseph de Morales**		**59**
f.22v	Francisca	su mujer	49
	Juan	hijo	28
	Pedro		24
	Ana		22
	Melchora		20
	Maria		17
	Simon		14
SA-64	**Juana Febles**	**mosa**	**50**
f.22v	Maria	hermana	48
	Ana		42
	Agustina		40
SA-65	**Andres Francisco**		**44**
f.22v	Ines	su mujer	56
	Juana	hija	22
	Nicolas		13
SA-66	**Juan Sanches**		**52**
f.22v	Maria	su mujer	50
	Balthasar		22
	Maria		19
	Francisco		17
	Juan		15
	Ana		14
	Francisca		12
	Catalina		8
SA-67	**Maria Machin**	**viuda**	**66**
f.23r	Ana	hija	30
	Beatris	nieta	20
SA-68	**Antonio Espinosa**		**30**
f.23r	Melchora	su mujer	24
SA-69	**Baltasar de Morales**		**40**
f.23r	Theresa	su mujer	33
	Lucia		3

Casa/f.	Nombre	Descripción	Edad
SA-70	**Juan de Acosta Flamenco**[53]		**50**
f.23r	Beatris	su mujer	58
	Juan		23
	Maria		2
SA-71	**Juan de Cabrera**		**42**
f.23r	Maria	su mujer	40
	Maria	hija	22
	Juana		12
SA-72	**Felis de Lima**		**40**
f.23r	Maria	su mujer	42
	Francisca	hija	9
	Andres		6
	Maria		4
SA-73	**Bartholome Varrera**		**29**
f.23r	Maria	su mujer	30
	Maria	hija	7
	Ana		4
	Ysavel		2
SA-74	**Bartholome Garcia**		**39**
f.23r	Ana	su mujer	30
	Maria	hija	7
	Bartholome		5
	Bernarda		3
SA-75	**Juan de Castañeda**		**59**
f.23v	Maria	su mujer	60
SA-76	**Balthasar de Morales**	**viudo**	**49**
f.23v	Maria	hija	24
	Francisco		19
	Guillermo		17
	Antonia		16
	Bartholome		15
SA-77	**Juan Padron Brito**		**42**
f.23v	Magdalena	su mujer	50
	Cathalina	hija	22

[53] *Flamenco* puede ser apelativo.

Casa/f.	Nombre	Descripción	Edad
	Ana		19
	Agustin		14
	Bartholome		13
SA-78	**Bartholome de Acosta**		**60**
f.23v	Maria	su mujer	50
	Maria	criada	14
SA-79	**Juan Francisco Sejas**		**32**
f.23v	Maria	su mujer	26
	Juan	hijo	6
	Francisco		4
SA-80	**Balthasar de Febles**		**34**
f.23v	Cathalina	su mujer	34
	Manuel	hijo	9
	Juan		7
	Maria		5
SA-81	**Francisco de Armas**		**60**
f.23v	Ana	su mujer	62
SA-82	**Francisco de Armas**		**22**
f.23v	Maria	su mujer	29
	Andres	hijo	2
SA-83	**Juan de Samora**		**60**
f.24r	Beatris	su mujer	58
	Juan	hijo	37
	Guillermo		28
	Maria	cuñada	40
SA-84	**Antonio Revoso**		**62**
f.24r	Ana	su mujer	70
	Agustina	hija	21
SA-85	**Balthasar de Morales**		**40**
f.24r	Maria	su mujer	32
	Maria	su hija	9
	Balthasar		4
	Juan		3
SA-86	**Margarita de Armas**	viuda	**58**
f.24r	Juan	hijo	31

Casa/f.	Nombre	Descripción	Edad
SA-87 f.24r	**Maria Machin**	**viuda**	**65**
SA-88 f.24r	**Joseph Gonzales**		**60**
	Maria	su mujer	59
	Beatris	hija	31
	Sevastiana		20
	Juan		17
SA-89 f.24r	**Juan Quintero**		**52**
	Maria Magdalena	[no consta]	59
	Pedro	hijo	22
	Dionicia		20
	Maria		14
	Antonia		11
SA-90 f.24r	**Marcos de Armas**		**42**
	Beatris	su mujer	34
	Antonio	hijo	11
	Sevastiana		9
	Maria		5
	Ana		3
SA-91 f.24v	**Juan de Armas Rosa**		**68**
	Ana	su mujer	60
	Maria	hija	32
	Theresa		28
SA-92 f.24v	**Francisco Padron**		**27**
	Ana	su mujer	33
	Gabriel	hijo	5
	Juan		2
SA-93 f.24v	**Maria de Armas**	**viuda**	**63**
	Rita	hija	6
SA-94 f.24v	**Francisco Hernandes**		**62**
	Maria Morales	[no consta]	52
	Magdalena		14
	Lucas		12
	Ana	hija	8

Casa/f.	Nombre	Descripción	Edad
SA-95	**Alonso Samora**		**57**
f.24v	Maria Morales	[no consta]	42
	Matheo	hijo	20
	Francisco		18
	Alonso		16
	Bartholome		14
	Maria		12
	Ysavel		10
SA-96	**Ana Morales**	**viuda**	**48**
f.24v	Maria	hija	24
	Petronila		22
SA-97	**Antonio Espinosa**		**35**
f.24v	Ana	su mujer	32
	Rita	hija	7
	Felipa		5
SA-98	**Maria de Leon**	**viuda**	**67**
f.25r	Ana	hija	30
SA-99	**Salvador de Morales**		**34**
f.25r	Maria	su mujer	27
	Maria	hija	2
	Maria Morales	suegra	66
SA-100	**Maria Morales**	**viuda**	**52**
f.25r	Bartholome	hijo	22
	Maria		16
SA-101	**Juan Quintero**		**33**
f.25r	Maria	su mujer	30
	Ynes	hija	20
SA-102	**Alonso Quintero**		**30**
f.25r	Maria Morales	[no consta]	40
	Maria	hija	5
SA-103	**Juan Gonzales**		**33**
f.25r	Maria	su mujer	38
	Juan	hijo	12
	Maria		10
	Petronila		7
	Miguel		5

Casa//.	Nombre	Descripción	Edad
	Maria		3
	Bartholome		2
	Ana		1
SA-104	**Thomas Gonzales**		**60**
f.25r	Maria	su mujer	41
	Maria	hija	1
SA-105	**Juan de Acosta Mansanilla**		**55**
f.25v	Maria Ana	[no consta]	50
	Maria	hija	23
	Bartholome		16
	Maria		14
	Juan		9
	Ysavel		6
SA-106	**Agustin de Brito**		**72**
f.25v	Maria	su mujer	25
	Agustina	hija	7
	Lucia		4
	Maria		1
SA-107	**Maria Padron**	**viuda**	**80**
f.25v			
SA-108	**Miguel de Messa**		**59**
f.25v	Maria	su mujer	57
	Maria		24
	Marcos		21
	Ana		15
	Maria		12
SA-109	**Ana Morales**	**viuda**	**68**
f.25v			
SA-110	**Maria Gutierres**	**livre[54]**	**30**
f.25v	Ana	hermana	28
SA-111	**Juan Gutierres**		**58**
f.25v	Maria	su mujer	52
	Luis	hijo	20
	Juan		12

---

[54] *Livre*, en el sentido de soltera.

Casa/f.	Nombre	Descripción	Edad
	Matheo		10
SA-112	**Bartholome Gutierres**		**44**
f.25v	Maria	su mujer	48
	Maria	hija	28
	Bartholome		17
	Ana		15
	Diego		14
	Andres		10
	Remedios		9
	Juan		5
SA-113	**Antonio de Lima**		**75**
f.26r	Maria Quintero		44
	Carlos		24
	Maria		18
	Cathalina		16
	Pablo		12
SA-114	**Mathias Padron**		**20**
f.26r	Maria	su mujer	30
	Maria	hija	4
	Juan		2
SA-115	**Agustin[55] Gonzales**		**44**
f.26r	Maria	su mujer	50
	Bartholome		10
	Ana		7
	Juan		5
SA-116	**Juan de Samora**		**26**
f.26r	Bartholomina	su mujer	25
	Juan	hijo	2
SA-117	**Juan de Brito Espinosa**		**67**
f.26r	Maria	su mujer	50
	Petronila	hija	20
	Maria		18
	Ana		14
	Juan		13

---

[55] {Angel}

Casa/f.	Nombre	Descripción	Edad
SA-118	**Juan de Toledo**		**50**
f.26r	Maria	su mujer	59
SA-119	**Manuel Padron**		**59**
f.26v	Maria	su mujer	50
	Petronila		16
	Rita		14
	Ana		10
SA-120	**Juan Machin**		**26**
f.26v	Ana	su mujer	25
	Diego	hijo	5
	Maria		4
SA-121	**Alonso de Merida**		**55**
f.26v	Maria Ana	su mujer	52
	Sevastian	hijo	16
	Ana		15
	Maria		12
	Pedro		10
SA-122	**Ynes Garcia**	**livre**	**50**
f.26v	Angela	su hermana	48
	Maria	hermana	38
SA-123	**Agustin Padron**		**39**
f.26v	Maria	su mujer	42
	Francisco		10
SA-124	**Lucas Sanches**		**43**
f.26v	Agustina	su mujer	42
	Francisco	hijo	14
	Juan		11
SA-125	**Maria de la Crus**	**viuda**	**65**
f.26v	Malgarita[56]	hija	42
SA-126	**Juan Machin**		**40**
f.26v	Maria Machin		32
SA-127	**Lorenso de Vera**		**48**
f.26v	Francisca Padron	[no consta]	44
	Lucia	hija	18

---

[56] {Magdalena}

Casa/f.	Nombre	Descripción	Edad
	Maria		14
	Ana		13
SA-128	**Juan Garcia Padron**		**46**
f.27r	Anastacia	[no consta]	53
	Juan	hijo	15
SA-129[57]	**Miguel Garcia**		**24**
f.27r	Cathalina	su mujer	32
	Agustin	hijo	14
SA-130[58]	**Juan Padron Febles**		**26**
f.27r	Lucia	su mujer	27
	Nicolas	hijo	2
	Ana	su tia	77
SA-131	**Maria Gonzales**	**viuda**	**61**
f.27r	Maria	su hija	29
SA-132	**Maria Gonzales**	**viuda**	**68**
f.27r	Ana	su hija	25
SA-133	**Francisca Padron**	**viuda**	**59**
f.27r	Sevastiana	hija	21
	Francisco		17
	Bartholome		12
	Diego		11
SA-134	**Catalina de Merida**	**viuda**	**57**
f.27r	Petronila	su hija	20
	Juan Fernandes	su tio	60
SA-135	**Melchor Garcia**		**49**
f.27r	Lucia	su mujer	47
	Maria	hija	19
	Alonso		14
	Lucia		7
SA-136	**Bartholome de Acosta**		**55**
f.27v	Ysavel	su mujer	52
	Rita	su hija	18
	Maria		16
	Francisca		12

---

[57] En la Copia B la casa de Miguel Garcia es numerada 130.
[58] En la Copia B la casa de Juan Padron Febles es numerada 129.

Casa/f.	Nombre	Descripción	Edad
	Ysavel		10
	Ana		4
SA-137	**Juan de Acosta**		**51**
f.27v	Maria	su mujer	50
	Diego	hijo	16
	Magdalena		12
SA-138	**Antonio Gonzales**		**35**
f.27v	Petronila	su mujer	41
	Maria	su hija	2
SA-139	**Agustin de Castañeda**		**44**
f.27v	Maria	su mujer	41
	Juan	hijo	18
	Bartholome		14
SA-140	**Juan Padron**	molero[59]	**39**
f.27v	Maria	su mujer	48
	Maria	hija	1
SA-141	**Francisco Samora**		**30**
f.27v	Sipriana	su mujer	22
	Maria	hija	1
SA-142	**Miguel de Armas**		**69**
f.27v	Ysavel	su mujer	53
	Juana	hija	22
	Juan		18
	Maria		17
	Diego		9
SA-143	**Bartholome de Acosta**		**27**
f.27v	Ana	su mujer	24
SA-144	**Cathalina de Febles**	viuda	**70**
f.28r	Maria	hija	27
	Francisco		25
SA-145	**Maria Machin**	viuda	**52**
f.28r	Maria	hija	17
	Juan		14
	Diego		12

---

[59] *Molero* puede ser apellido.

Casa/f.	Nombre	Descripción	Edad
	Bartholome		6
SA-146	**Francisco Gonzales**		**34**
f.28r	Maria	su mujer	35
	Miguel		7
	Maria		5
SA-147	**Juana Marques**	**viuda**	**69**
f.28r	Maria	hija	25
SA-148	**Francisco de Sejas**		**49**
f.28r	Maria	su mujer	47
	Maria	hija	20
	Ana		18
	Francisca		8
	Lucia		7
	Juan		4
	Juana		3
SA-149	**Matheo de Febles**		**42**
f.28r	Magdalena	[no consta]	43
	Juan	hijo	13
	Magdalena		9
	Maria	hermana	52
SA-150	**Juan Francisco**		**52**
f.28r	Catalina	su mujer	45
	Maria	hija	24
	Francisco		8
SA-151	**Gaspar de Vera**		**42**
f.28v	Maria	su mujer	32
	Salvador		6
	Pedro		2
SA-152	**Miguel Garcia**	**viudo**	**64**
f.28v	Andrea	hija	24
SA-153	**Juan de Febles**		**36**
f.28v	Maria	su mujer	37
SA-154	**Diego de Merida**		**60**
f.28v	Francisca	su mujer	65
	Maria	hija	23

Casa//.	Nombre	Descripción	Edad
SA-155	**Juan de Febles**		**65**
f.28v	Ana	su mujer	52
	Juan	hijo	28
	Maria		19
	Ana		17
	Maria	cuñada	48
SA-156	**Bartholome Padron**		**33**
f.28v	Margarita	[no consta]	42
	Juan		13
	Bartholome		6
SA-157	**Bartholome Padron**		**77**
f.28v	Petronila		57
	Cathalina	hija	22
SA-158	**Antonio Garcia**		**59**
f.28v	Maria	su mujer	55
SA-159	**Bartholome de Armas**		**60**
f.28v	Catalina	su mujer	70
	Maria		27

Texto: *159 vecinos; 1.627 personas*[60]

---

[60] El total de personas es suma de los apartados anteriores con este de San Andrés. Nuestra transcripción cuenta 159 vecinos y 646 personas en San Andrés, y un total también de 1.627 personas.

Barlovento (abajo)

~ Por la Parte de Barlovento - Villa de abajo ~

Antonio Josph de Armas y Alsola, 6 agosto 1757

Casa/*f.*	Nombre	Descripción	Edad
BA-1	**Christoval Peres**		**38**
f.29r	Andrea	su mujer	35
	Juan	su hijo	6
	Francisco	hijo	2
BA-2	**Antonio Hernandes**		**44**
f.29r	Anna	su mujer	52
	Gaspar		18
	Francisco		16
BA-3	**Juan de Armas Barrera**		**40**
f.29r	Elena[61]	su mujer	50
	Anna		11
	Josepha		9
BA-4	**Andres Francisco**		**44**
f.29r	Rosa	su mujer	41
	Christoval		17
	Antonio		14
	Anna		12
	Maria		8
	Bernarda		6

---

[61] {Hela}

64

Casa/f.	Nombre	Descripción	Edad
BA-5	**Mathias Padron**		**44**
f.29r	Leonor	su mujer	39
	Barbara		22
	Manuel		20
	Joseph		16
	Etenrreia?[62]		14
	Maria		12
	Joseph Francisco		2
BA-6	**Maria Padron**	**viuda**	**52**
f.29r	Maria	[no consta]	19
BA-7	**Sebastian Quintero**		**64**
f.29r	Maria	su mujer	59
	Agueda		27
	Anna		25
	Maria	nieta	12
BA-8	**Juan de Casañas**		**56**
f.29r	Cathalina	su mujer	60
	Maria	sobrina	77
BA-9	**Balthasar de los Reyes**		**26**
f.29r	Maria	su mujer	24
	Juana de Jesus	su suegra	70
BA-10	**Bartholomina de Jesus**		**62**
f.29r	Anna	su sobrina	9
BA-11	**Juana Padron**	**viuda**	**60**
f.29r	Maria del Carmen	criada	20
BA-12	**Francisco Sanches**		**60**
f.29r	Cayetana	su mujer	54
	Agustina	hija	28
	Antonia		19
	Ysabel		15
BA-13	**Matheo Gutierres**		**47**
f.29v	Cathalina	su mujer	45
	Francisca	[h][63]	16

---

[62] {Emetercia?}
[63] Nota: comenzando con esta casa, y repetido en todas las siguientes, se indica al margen que los que siguen son hijos.

Casa/f.	Nombre	Descripción	Edad
	Anna	[h]	14
	Maria	[h]	12
	Salvador	[h]	10
	Buenaventura	[h]	7
	Antonia	[h]	5
BA-14	**Anna de Merida**	**viuda**	**47**
f.29v	Maria	su hija	21
BA-15	**Margarita Padron**	**viuda**	**53**
f.29v	Maria	[h]	31
	Lucas	[h]	21
	Cathalina	[h]	16
	Miguel	[h]	14
BA-16	**Joseph de Brito**		**67**
f.29v	Basilia	su mujer	62
	Anna	[h]	37
BA-17	**Pedro Quintero**		**51**
f.29v	Agueda	su mujer	42
	Maria	[h]	10
	Pio	[h]	9
	Miguel	[h]	7
	Juan	[h]	4
BA-18	**Francisco Rodrigues Ortega**		**22**
f.29v	Maria	su mujer	20
	Francisco Rodrigues	su padre	58
BA-19	**Juana de Fuentes**	**libre**	**57**
f.29v			
BA-20	**Manuel Simon**		**42**
f.29v	Beatris	su mujer	41
	Diego	[h]	12
	Juan	[h]	10
	Blas	[h]	9
	Cathalina	[h]	6
BA-21	**Sebastian Peres**	**viudo**	**51**
f.29v	Rita	[h]	29
	Juan	[h]	22

Casa/f.	Nombre	Descripción	Edad
	Maria	[h]	16
	Cathalina	[h]	10
	Maria	[h]	9
BA-22	**Francisco Samora**		**59**
f.29v	Anna	su mujer	61
	Maria	[h]	25
	Lorenzo	[h]	19
	Juana	[h]	15
	Cathalina	[h]	12
BA-23	**Don Bartholome Garcia**		**47**
f.29v	Doña Anna	su mujer	51
	Antonia	[h]	27
	Diego	[h]	25
	Cayetano	[h]	22
	Cathalina	[h]	20
	Alexos	[h]	15
	Casimira	[h]	9
BA-24	**Angela Maria**	**viuda**	**72**
f.30r	Anna Maria	[h]	27
BA-25	**Maria Gutierres**	**mosa**	**27**
f.30r			
BA-26	**Juan Fernandes**		**48**
f.30r	Sebastiana	su mujer	42
BA-27	**Thomas de Espinosa**		**49**
f.30r	Maria	su mujer	52
	Bartholomina	[h]	21
	Anna	[h]	18
	Maria	[h]	17
	Rita	[h]	12
	Bartholome	[h]	11
	Maria	su tia	62
BA-28	**Basilio Gonzales**		**76**
f.30r	Cathalina	su mujer	70
BA-29	**Juan Benites**		**66**
f.30r	Maria	su mujer	61
	Ysabel	[h]	41

Casa/f.	Nombre	Descripción	Edad
	Juana	[h]	25
	Maria	[h]	22
BA-30	**Diego de Espinosa**		**36**
f.30r	Magdalena	su mujer	39
	Cathalina	[h]	6
BA-31	**Don Juan Quintero**	**moso**	**68**
f.30r	Clara	su hermana	52
BA-32	**Guillen de Febres**		**39**
f.30r	Anna	su mujer	42
	Bartolome	[h]	8
	Maria	[h]	7
	Ysabel	[h]	3
	Maria	su hermana	29
	Nicolas	su hermano	17
BA-33	**Ysabel de Febres**	**viuda**	**80**
f.30r	Manuel	su hijo incapaz[64]	42
BA-34	**Joseph Luis**		**42**
f.30r	Beatris	su mujer	49
	Maria	[h]	11
	Juana	[h]	8
	Maria [sic]	[h]	5
BA-35	**Beatris Esteves**	**[no consta]**	**62**
f.30r			
BA-36	**Pedro Peres**		**61**
f.30r	Anna	su mujer	61
	Domingo	[h]	31
	Agustin	su hermano	52
BA-37	**Maria de los Reyes**	**viuda**	**61**
f.30r	Maria	[h]	25
	Agustin	[h]	17
BA-38	**Balthasar de los Reyes**		**60**
f.30r	Thomasina	su mujer	65
	Antonia	[h]	32

---

[64] Incapacitado.

Casa/f.	Nombre	Descripción	Edad
BA-39	**Lucas Hernandes**		**60**
f.30r	Sebastiana	su mujer	58
	Rita	[h]	30
	Cayetano	[h]	19
BA-40	**Sebastiana Padron**	**viuda**	**77**
f.30v	Maria	[h]	32
BA-41	**Marcos Henrriques**		**42**
f.30v	Marta	su mujer	45
	Juan	[h]	19
	Lucas	[h]	15
	Maria	[h]	14
	Josepha	[h]	13
	Antonio	[h]	9
	Rita	[h]	6
BA-42	**Juan de los Reyes**		**42**
f.30v	Maria Anna	su mujer	37
	Maria	[h]	13
	Thomasina	[h]	9
	Francisco	[h]	7
BA-43	**Augustin Gonzales**		**52**
f.30v	Cathalina	su mujer	54
BA-44	**Francisco Padron**		**46**
f.30v	Anna	su mujer	42
	Lucas	[h]	19
	Rosalia	[h]	15
	Maria	[h]	13
	Maria [sic]	[h]	12
	Miguel	[h]	11
	Cathalina	[h]	9
	Maria	su hermana	60[65]
BA-45	**Gaspar Gutierres**		**61**
f.30v	Maria	su mujer	56
	Augustina	[h]	24
	Maria	[h]	14

---

[65] Su edad puede ser 66.

Casa/f.	Nombre	Descripción	Edad
	Beatris	criada	60
BA-46	**Cathalina Padron**	**mosa**	**72**
f.30v			
BA-47	**Ysabel de Mendo**	**mosa**	**42**
f.30v	Cathalina	su hermana	41
BA-48[66]	**Cathalina de Toledo**	**[no consta]**	**70**
f.30v			
BA-49[67]	**Anna Padron**	**mosa**	**73**
f.30v			
BA-50	**Pedro Fonte**		**45**
f.30v	Anna	su mujer	42
	Josepha	[h]	19
	Justa	[h]	14
	Leonor	[h]	11
	Pedro	[h]	10
	Juan	[h]	8
	Theodora	[h]	7
BA-51	**Pedro Trujillo**	**viudo**	**52**
f.30v	Pedro	[h]	22
BA-52	**Lucas Hernandes Rebozo**		**30**
f.30v	Maria	su mujer	27
	Ygnes	[h]	2
BA-53	**Juan de Armas Artiaga**		**61**
f.30v	Maria	su mujer	44
BA-54	**Antonio de Armas**		**41**
f.31r	Anna	su mujer	42
	Nicolas	[h]	4
BA-55	**Juana Padron**	**viuda**	**62**
f.31r	Josepha	[h]	38
BA-56	**Gabriel de Medina**		**36**
f.31r	Anna	su mujer	42

---

[66] En la Copia B inicialmente se numeró esta casa 49, pero se rectificó.
[67] En la Copia B inicialmente se numeró esta casa 48, pero se rectificó.

70

Casa/f.	Nombre	Descripción	Edad
	Antonia	[h]	9
	Maria	[h]	6
BA-57	**Maria**	**mosa**	**40**
f.31r	Juan	su sobrino	4
BA-58	**Francisco de Castañeda**		**45**
f.31r	Agustina	su mujer	46
BA-59	**Maria Quintero**	**viuda**	**36**
f.31r	Lucia	[h]	18
	Juan	[h]	15
	Anna	[h]	12
	Francisca	[h]	11
BA-60	**Balthasar de los Reyes**		**56**
f.31r	Leonor	su mujer	45
	Maria	[h]	16
BA-61	**Don Manuel Magdaleno**		**35**
f.31r	Doña Cathalina	su mujer	42
	Cayetano	[h]	11
	Sebastian	[h]	7
	Joseph	[h]	5
	Maria	[h]	4
BA-62	**Antonio Gutierres**		**32**
f.31r	Ysabel	su mujer	34
	Francisco Gutierres	su padre	61
BA-63	**Sebastian de Espinosa**		**52**
f.31r	Paula	su mujer	51
	Antonia	[h]	28
	Diego	[h]	16
	Justa[68]	[h]	15
BA-64	**Cathalina Peraza**	**[no consta]**	**68**
f.31r	Rosa	su sobrina	22
BA-65	**Don Juan Quintero**		**61**
f.31r	Doña Maria	su mujer	70
	Thomas	criado	20

---

[68] {Rita}

Casa/f.	Nombre	Descripción	Edad
BA-66	**Ysabel Padron**	**viuda**	**50**
f.31r	Augustina	[h]	18
	Gabriel	[h]	15
	Sebastian	[h]	13
	Maria	[h]	12
	Maria	su tia	70
BA-67	**Maria Peraza**	**[no consta]**	**58**
f.31r	Maria	sobrina	27
	Anna	sobrina	24
BA-68	**Beatris Garcia**	**viuda**	**68**
f.31r	Maria	[h]	32
BA-69	**Leonor Padron**	**mosa**	**32**
f.31r			
BA-70	**Juan de Acosta**		**52**
f.31r	Doña Antonia	su mujer	36
	Matheo	[h]	18
	Antonia	[h]	11
	Ysabel	[h]	9
	Christoval	[h]	7
	Maria	[h]	1
	Maria	criada	23
BA-71	**Antonio Padron**		**74**
f.31v	Francisca	su mujer	62
	Don Thoribio[69]	su yerno	30
	Elena [Padron]	mujer de este	32
BA-72	**Don Francisco Peres**		**52**
f.31v	Anna	su mujer	46
BA-73	**Matheo Magdaleno**		**50**
f.31v	Bartholomina	su mujer	47
	Maria	[h]	15
	Maria [sic]	[h]	13
	Eulalia	[h]	11
BA-74	**Miguel Fernandes**		**32**
f.31v	Maria	su mujer	42

---

[69] {Ambrosio}; no consta su apellido.

Casa/f.	Nombre	Descripción	Edad
BA-75	**Manuel Fernandes**		**36**
f.31v	Antonia	su mujer	31
BA-76	**Apolonia de Armas**	**viuda**	**56**
f.31v	Juana	[h]	42
	Magdalena	[h]	25
	Juan	[h]	20
	Sebastian	[h]	12
BA-77	**Antonio Rebozo**		**57**
f.31v	Cathalina	su mujer	54
	Maria	[h]	24
	Joseph	[h]	18
	Josepha	[h]	16
	Diego	[h]	12
	Juan	[h]	8
	Elena	[h]	9
	Pedro	[h]	6
BA-78	**Juan Gonzales**		**60**
f.31v	Maria	su mujer	52
	Elena	hija	30
BA-79	**Manuel Peres**	**viudo**	**62**
f.31v	Maria	[h]	32
	Vicente	[h]	26
BA-80	**Francisco Toledo**		**72**
f.31v	Magdalena	su mujer	57
	Sebastiana	[h]	24
	Joseph	[h]	22
BA-81	**Antonio Padron Padilla**		**40**
f.31v	Maria	su mujer	27
	Juan	[h]	6
	Maria	[h]	4
	Juana	[h]	3
BA-82	**Juan Padron Zalazar**		**42**
f.31v	Ysabel	su mujer	41
	Joseph	[h]	18
	Gabriela	[h]	17
	Francisca	[h]	14

Casa/f.	Nombre	Descripción	Edad
	Joachina[70]	[h]	12
	Francisca	[h]	9
	Rita	[h]	5
	Maria	[h]	3
BA-83	**Marcos de Fuentes**		**82**
f.31v	Maria Peres	su mujer	62
	Maria	hermana	52
BA-84	**Nicolas Padron**		**46**
f.31v	Anna	su mujer	42
	Juan	[h]	12
	Hilario	[h]	11
BA-85	**Maria Gutierres**	**libre**	**42**
f.31v	Esteban	[h]	5
BA-86	**Cathalina de Febres**	**[no consta]**	**72**
f.31v			
BA-87	**Juan Padron**		**44**
f.32r	Francisca	su mujer	57
	Joseph	[h]	17
	Juan	[h]	10
BA-88	**Alonzo Garcia**		**74**
f.32r	Michaela	su mujer	62
	Carlos	[h]	27
	Maria	[h]	22
	Joseph	[h]	17
BA-89	**Matheo Gutierres**		**68**
f.32r	Bartholomina	su mujer	61
	Francisco	[h]	27
	Maria	[h]	25
BA-90	**Alonzo Padron**		**32**
f.32r	Anna	su mujer	27
	Bartholome	[h]	15
	Anna	[h]	13
	Rita	[h]	11
	Domingo	[h]	9

---

[70] {Jacobina}

Casa//.	Nombre	Descripción	Edad
	Maria Anna	[h]	6
BA-91	**Don Juan Quintero**	**presbitero**	**71**
f.32r	Doña Francisca	su hermana	30
	Ynes	sobrina	22
	Pedro	criado	20
BA-92	**Patricio Hernandes**		**58**
f.32r	Anna	su mujer	52
	Anna	[h]	31
	Maria	[h]	26
	Sebastiana	[h]	21
	Pedro	[h]	19
	Feliz Lucas	[h]	16
	Francisco	nieto	4
BA-93	**Juan Pedro Ayala**		**30**
f.32r	Maria	su mujer	38
	Sebastiana	[h]	27
	Dominga	[h]	22
	Leonor	[h]	10
	Egidia	[h]	9
	Francisca	[h]	7
	Joseph	[h]	6
	Joachina[71]	[h]	5
BA-94	**Ygnes de Llenes**	**viuda**	**52**
f.32r	Maria	[h]	22
	Maria	nieta	9

Texto: *Por la Parte de Barlovento - Villa de abajo : 94 Vecinos.*

---

[71] {Jacobina}

Barlovento

~ Casas de Barlovento ~

Antonio Josph de Armas y Alsola, 6 agosto 1757

Casa/f.	Nombre	Descripción	Edad
B-1	**Guillermo Hernandes**		**79**
f.32r	Maria	su mujer	55
	Symon	[h]	35
	Pedro	[h]	26
B-2	**Maria de Febles**	**mosa**	**52**
f.32r			
B-3	**Antonio Quintero**		**44**
f.32r	Juana	su mujer	36
	Juan	[h]	8
B-4	**Diego Garcia**		**57**
f.32r	Cathalina	su mujer	52
	Bartholome	[h]	26
	Maria	[h]	24
	Juan	[h]	17
B-5	**Sebastian Hernandes**		**46**
f.32v	Anna	su mujer	44
	Cathalina	[h]	14
	Miguel	[h]	11
	Antonio	[h]	9

Casa/f.	Nombre	Descripción	Edad
B-6	**Manuel Quintero**		**50**
f.32v	Maria	su mujer	32
	Francisco	[h]	22
	Miguel	[h]	16
	Antonio	[h]	14
	Luis[72]	[h]	11
	Maria	[h]	10
	Diego	[h]	9
	Juan	[h]	7
B-7	**Miguel Quintero**		**35**
f.32v	Cathalina	su mujer	36
	Francisco	[h]	11
	Juan	[h]	9
B-8	**Francisco Padron**		**67**
f.32v			
B-9	**Maria de los Remedios**	mosa	**60**
f.32v			
B-10	**Juan Gonzales**		**36**
f.32v	Augustina	su mujer	34
	Antonio	[h]	20
	Beatris	[h]	9
	Philipe	[h]	7
B-11	**Andres Peres**		**51**
f.32v	Maria	su mujer	54
	Ygnacio	[h]	29
	Maria	[h]	26
	Juan	[h]	23
	Rita	[h]	17
	Augustin	[h]	14
B-12	**Salvador de Morales**		**46**
f.32v	Maria	su mujer	42
	Juan	[h]	8
	Ygnacio	[h]	6
	Cathalina	[h]	4

---

[72] {Lucia}

Casa/f.	Nombre	Descripción	Edad
B-13	**Manuel de Simancas**		**42**
f.32v	Maria	su mujer	31
	Maria	[h]	5
	Antonia	[h]	3
B-14	**Francisco de Morales**		**40**
f.32v	Maria	su mujer	31
	Maria	[h]	7
B-15	**Francisco de Morales**		**50**
f.32v	Cathalina	su mujer	42
B-16	**Gabriel Peres**		**32**
f.32v	Maria	su mujer	30
B-17	**Joseph Quintero**		**35**
f.32v	Rosa	su mujer	42
	Bernardo	[h]	29
B-18	**Maria de Armas**	viuda	**62**
f.32v	Maria	[h]	24
	Manuel	[h]	22
B-19	**Bartholome Barreda**		**36**
f.32v	Maria	su mujer	43
	Diego	[h]	11
	Juana	[h]	9
B-20	**Francisco Morales**		**57**
f.32v	Clara	su mujer	50
	Francisco	[h]	22
B-21	**Juan Peres Quintero**		**49**
f.32v	Maria	su mujer	40
	Maria	[h]	24
	Matheo	[h]	14
	Juana	[h]	10
B-22	**Pedro Quintero**		**70**
f.33r	Juliana	su mujer	61
B-23	**Sebastian Gonzales**		**64**
f.33r	Paula	su mujer	44
	Maria	[h]	21
	Felis	[h]	18
	Pedro	[h]	14

Casa/f.	Nombre	Descripción	Edad
	Augustina	[h]	9
B-24	**Ygnacio Quintero**		**61**
f.33r	Elena	su mujer	42
	Mariana	[h]	20
B-25	**Juan de Fleitas**		**46**
f.33r	Maria	su mujer	45
	Josepha	[h]	13
	Marcos	[h]	11
	Antonio	[h]	9
B-26	**Marcos Padron**		**40**
f.33r	Maria	su mujer	44
	Maria	[h]	28
	Angela	[h]	27
	Anna	[h]	22
	Augustin	[h]	16
	Francisco	[h]	11
B-27	**Juan Francisco Sejas**		**60**
f.33r	Bartholomina	su mujer	58
B-28	**Bartholomina de Leon**	**viuda**	**57**
f.33r			
B-29	**Salvador de Morales**		**42**
f.33r	Maria	su mujer	40
	Juan	[h]	11
B-30	**Lorenso Padron**		**56**
f.33r	Francisca	su mujer	57
	Clara	[h]	32
	Albaro	[h]	23
	Lucas	[h]	19
	Juan	[h]	14
	Mariana	[h]	10
B-31	**Maria de los Remedios**	**[no consta]**	**61**
f.33r			
B-32	**Manuel Gonzales**		**61**
f.33r	Maria	su mujer	60
B-33	**Francisca Gutierres**	**[no consta]**	**50**
f.33r			

Casa/f.	Nombre	Descripción	Edad
B-38[73]	**Maria Quintero**	**viuda**	**79**
f.33r			
B-39	**Francisca Padron**	**mosa**	**36**
f.33r			
B-40	**Juan de Brito Montero**	**[no consta]**	**42**
f.33r			
B-41	**Maria de Armas**	**viuda**	**54**
f.33r	Maria	[h]	22
	Manuel	[h]	17
	Sebastian	[h]	15
B-42	**Manuel Peres**	**viudo**	**35**
f.33r	Anna	[h]	19
	Juan	[h]	15
	Maria	[h]	11
B-43	**Juan Garcia**		**46**
f.33r	Melchora	su mujer	40
	Bartholome	[h]	11
	Maria	[h]	8
B-44	**Gonzalo Martin**		**50**
f.33r	Maria	su mujer	41
	Francisco	[h]	21
	Diego	[h]	19
B-45	**Gonzalo Martin**	**el moso**	**40**
f.33v	Anna	su mujer	35
	Maria	[h]	9
	Juana	[h]	5
B-46	**Bernardo de Messa**		**56**
f.33v	Ysabel	su mujer	50
	Miguel	[h]	17
	Francisco	[h]	13

---

[73] En la Copia A los números 34 al 37 se omiten en el manuscrito (por error del numerador o por otra razón) sin explicación. En la Copia B la numeración continua sin ese vacío. Por lo tanto, desde este punto en adelante, las dos copias manuscritas se desvían en su numeración. Para esta transcripción, seguimos la numeración tal como aparece en la Copia A.

Casa//f.	Nombre	Descripción	Edad
B-47	**Jacomina Gutierres**	**[no consta]**	**42**
f.33v			
B-48	**Alonso Morales**		**60**
f.33v	Maria	su mujer	46
	Maria	[h]	30
	Manuel	[h]	24
	Ysabel	[h]	20
B-49	**Diego Padron**		**39**
f.33v	Maria	su mujer	36[74]
	Eufracia	[h]	26
B-50	**Maria Morales**	**mosa**	**40**
f.33v			
B-51	**Bartholome Gonzales**		**41**
f.33v	Francisca	su mujer	40
	Maria	[h]	24
	Antonia	[h]	23
	Diego	[h]	18
	Bartholome	[h]	12
B-52	**Matheo Padron**		**57**
f.33v	Anna	su mujer	39
B-53	**Francisco de Castro**		**42**
f.33v	Maria	su mujer	44
	Juan	[h]	10
	Francisco	[h]	8
	Anna	[h]	5
B-54	**Juan Peres Quintero**		**36**
f.33v	Anna	su mujer	40
B-55	**Bartholome Hernandes**		**41**
f.33v	Augustina	su mujer	44
	Anna	[h]	28
	Sebastiana	[h]	22
	Guillermo	[h]	16
	Maria	[h]	12
	Juan	[h]	10

---

[74] Su edad es tal como aparece, por lo que puede ser posiblemente la segunda esposa de Diego, ya que la hija es solo diez años menor.

Casa/f.	Nombre	Descripción	Edad
	Maria	[h]	7
B-56	**Francisca Gutierres**	**viuda**	**50**
f.33v	Petronila	[h]	28
	Maria	[h]	9
	Francisca	[h]	7
B-57	**Pedro de Armas**		**57**
f.33v	Maria	su mujer	52
	Antonia	[h]	17
	Pedro	[h]	15
	Francisca	[h]	14
	Francisco	[h]	12
B-58	**Maria de Toledo**	**viuda**	**62**
f.33v			
B-59	**Francisco Hernandes**		**44**
f.33v	Maria	su mujer	38
	Petronila	[h]	18
	Maria	[h]	14
B-60	**Antonio Padron**		**45**
f.33v	Maria	su mujer	46
	Maria	[h]	23
	Francisco	[h]	19
	Lucia	[h]	16
	Maria	[h]	14
	Cathalina	[h]	11
	Francisco [sic]	[h]	7
B-61	**Juan Garcia**		**44**
f.34r	Melchora	su mujer	54
	Maria	[h]	22
	Bartholome	[h]	12
	Fernando	[h]	8
B-62	**Juan Gutierres**		**40**
f.34r	Maria	su mujer	42
	Juan	[h]	10
	Augustina	[h]	8
	Maria	[h]	5

Casa/f.	Nombre	Descripción	Edad
B-63	**Bartholome Hernandes**	viudo	**42**
f.34r	Anna	[h]	18
B-64	**Juan de Toledo**		**62**
f.34r	Antonia[75]	su mujer	61
	Anna	[h]	27
	Petronila	[h]	25
	Luis	[h]	17
B-65	**Matheo de Armas**		**36**
f.34r	Francisca	su mujer	24
	Pedro	[h]	21
	Juan	[h]	10
	Luis	[h]	7
B-66	**Maria de Toledo**	viuda	**61**
f.34r	Petronila	nieta	16
B-67	**Diego Padron**		**30**
f.34r	Maria	su mujer	32
	Maria	[h]	9
	Petronila	[h]	7
B-68	**Juan Quintero**		**45**
f.34r	Petronila	su mujer	36
	Maria	[h]	24
	Sebastian	[h]	17
B-69	**Miguel Garcia**		**45**
f.34r	Maria	su mujer	32
B-70	**Blas de Toledo**		**32**
f.34r	Maria	su mujer	30
B-71	**Domingo Ferrera**		**61**
f.34r	Anna	su mujer	52
	Maria	[h]	18
	Joseph	[h]	17
	Lucia	[h]	16
B-72	**Miguel de Leon**		**40**
f.34r	Maria	su mujer	36
	Francisco	[h]	9

---

[75] {Ana}

Casa/f.	Nombre	Descripción	Edad
B-73	**Bartholome Gonzales**		**46**
f.34r	Ysabel	su mujer	36
	Maria	[h]	22
	Justa	[h]	20
	Ysabel	[h]	16
	Juan	[h]	12
	Anna	[h]	9
B-74	**Juan de Brito**	**viudo**	**62**
f.34r	Anna	su nieta	30
B-75	**Juan Gonzales**		**52**
f.34r	Anna	su mujer	34
	Juan	[h]	13
	Maria	[h]	11
B-76	**Ysabel de Espinosa**	**viuda**	**50**
f.34r	Francisca	[h]	18
B-77	**Juan Francisco**	**[h]**	**72**
f.34r	Maria	su mujer	46
	Francisco	[h]	14
	Ysabel	[h]	13
	Maria	[h]	11
B-78	**Joseph [Juan?] de Fleitas**		**50**
f.34v	Maria	su mujer	40
	Magdalena	[h]	11
	Ysabel	[h]	7
B-79	**Francisco de Febles**		**47**
f.34v	Anna	su mujer	37
	Maria	[h]	20
	Bartholome	[h]	17
	Francisco	[h]	16
	Manuela	[h]	12
B-80	**Manuel de Espinosa**		**42**
f.34v	Anna	su mujer	40
	Maria	[h]	12
	Antonio	[h]	10

Casa/f.	Nombre	Descripción	Edad
B-81	**Juan de Brito**		**49**
f.34v	Cathalina	su mujer	41
	Maria	[h]	21
	Maria [sic]	[h]	18
	Manuel	[h]	16
	Francisco	[h]	14
B-82	**Cathalina Peres**	**viuda**	**62**
f.34v			
B-83	**Beatris Martel**	**mosa**	**54**
f.34v	Maria	su hermana	46
B-84	**Francisco Gutierres Suares**		**50**
f.34v	Mariana	su mujer	49
	Antonia	[h]	24
	Maria Anna	[h]	22
	Petronila	[h]	20
B-85	**Juan Peres Perdigon**		**60**
f.34v	Anna	su mujer	51
	Antonia	[h]	27
	Theodora	[h]	17
	Maria	[h]	16
B-86	**Beatris Padron**	**viuda**	**48**
f.34v	Anna	[h]	30
	Maria Anna	[h]	27
	Sebastian	nieto	8
	Juan	nieto	6
B-87	**Juan Gutierres**		**46**
f.34v	Maria	su mujer	42
	Miguel	[h]	13
	Augustina	[h]	10
	Juan	[h]	9
B-88	**Bartholomina Gonzales**	**viuda**	**57**
f.34v			
B-89	**Manuel Peres**		**47**
f.34v	Anna	su mujer	32
	Juan	[h]	13

Casa/f.	Nombre	Descripción	Edad
	Maria	[h]	11
	Ygnacio	[h]	9
	Manuel	[h]	8
B-90	**Manuel Gonzales**	viudo	**42**
f.34v			
B-91	**Salvador Padron**		**50**
f.34v	Lucia	su mujer	47
	Cathalina	criada	60
B-92	**Juan Quintero**		**92**
f.34v	Maria	su mujer	41[76]
	Maria	[h]	14
	Diego	[h]	12
	Cathalina	hermana	30
	Miguel de Brito	su padre	90
B-93	**Juan Fernandes**		**40**
f.34v	Maria	su mujer	32
	Cathalina	[h]	7
B-94	**Juana Quintero**	viuda	**50**
f.34v	Antonio	[h]	27
	Maria	[h]	26
B-95	**Petronila Febles**	viuda	**36**
f.35r			
B-96	**Antonio Padron**		**36**
f.35r	Maria	su mujer	34
	Maria	[h]	16
	Sebastian	[h]	14
	Clara	[h]	12
	Sebastiana	suegra	82
B-97	**Francisco de Brito**		**51**
f.35r	Cathalina	su mujer	46
	Pedro	[h]	10
B-98	**Sebastiana Febles**	[no consta]	**42**
f.35r			

---

[76] Su edad puede ser 91.

Casa//.	Nombre	Descripción	Edad
B-99	**Francisco Sanches**		**52**
f.35r	Antonia	su mujer	54
	Juan	[h]	27
	Sebastian	[h]	18
	Mathias	[h]	17
	Manuel	[h]	15
	Rita	[h]	9
B-100	**Juan de Armas**		**52**
f.35r	Cathalina	su mujer	46
	Balthasar	[h]	20
	Maria	[h]	19
	Diego	[h]	13
	Juan	[h]	11
	Manuel	[h]	5
B-101	**Anna de Espinosa**	**[no consta]**	**32**
f.35r	Manuel	[h]	17
B-102	**Cathalina de Espinosa**	**[no consta]**	**42**
f.35r	Maria	[h]	19[77]
B-103	**Diego Garcia**		**41**
f.35r	Anna	su mujer	50
	Anna	[h]	24
	Maria	[h]	21
	Gaspar	[h]	14
	Antonia	[h]	12
	Anna [sic]	[h]	10
	Ysabel	[h]	9
	Cathalina	[h]	7
	Maria	sobrina	15
B-104	**Diego Quintero**		**59**
f.35r	Anna	su mujer	48
	Francisca	[h]	20
	Cathalina	[h]	18
	Augustina	[h]	15
	Maria	[h]	13

---

[77] Su edad puede ser 49, pero eso no concuerda con la edad de su madre.

Casa/f.	Nombre	Descripción	Edad
	Anna	[h]	10
	Lucia	[h]	8
	Pedro	[h]	6
B-105	**Matheo de Armas**		**61**
f.35r	Maria	su mujer	60
	Maria	[h]	30
	Francisco	[h]	26
	Manuel	[h]	24
	Matheo	[h]	14
	Juan	[h]	9
B-106	**Antonio Marques**		**57**
f.35r	Maria	su mujer	54
	Matheo	[h]	22
	Ysabel	[h]	14
	Thomas	[h]	12
	Rita	[h]	10
B-107	**Juan de Leon**		**28**
f.35r	Maria	su mujer	26
	Cathalina	[h]	2
B-108	**Juan de Febles Martel**		**62**
f.35v	Lucia	su mujer	50
	Anna	nieta	23
	Cathalina	nieta	21
	Joseph	nieto	17
B-109	**Anna Padron**	**mosa**	**46**
f.35v	Matheo	sobrino	25
B-110	**Anna de Castañeda**	**viuda**	**72**
f.35v	Bartholomina	[h]	30
B-111	**Juan Barreda [Barrera?]**		**68**
f.35v	Juana	su mujer	63
	Simon	[h]	30
B-112	**Joseph Morales**		**44**
f.35v	Maria	su mujer	42
	Juan	[h]	14
	Simon	[h]	6
	Juana	[h]	4

Casa/f.	Nombre	Descripción	Edad
B-113	**Antonio Barrera**		**57**
f.35v	Maria	su mujer	54
	Nicolas	[h]	29
	Cathalina	[h]	25
B-114	**Maria de Febles**	**viuda**	**56**
f.35v	Maria	nieta	21
	Francisco	nieto	17
B-115	**Simon de Lima**		**55**
f.35v	Anna	su mujer	46
	Juan	[h]	21
	Balthasar[78]	[h]	18
	Cathalina	[h]	13
B-116	**Geronima Quintero**	**viuda**	**57**
f.35v	Anna	[h]	32
	Cathalina	[h]	24
	Josepha	[h]	20
	Francisca	[h]	19
	Matheo	[h]	18
	Ysabel	[h]	13
B-117	**Bernardo Garcia**		**42**
f.35v	Maria	su mujer	44
	Lazaro	[h]	14
	Christoval	[h]	11
	Salvador	[h]	9
B-118	**Diego Garcia**		**82**
f.35v	Francisca	su mujer	50
B-119	**Maria de Toledo**	**viuda**	**57**
f.35v	Cathalina	su hermana	49
B-120	**Ysabel Quintero**	**mosa**	**44**
f.35v	Maria	su hermana	42
B-121	**Maria de los Reyes**	**viuda**	**82**
f.35v	Cathalina	[h]	30

[78] Puede que sea Balthasara.

Casa/f.	Nombre	Descripción	Edad
B-122	**Antonia Rodrigues**	**[no consta]**	**55**
f.35v	Maria	su hermana	86[79]
	Maria	sobrina	14
	Fernando	sobrino	11
B-123	**Gonzalo Padron**		**64**
f.35v	Maria	su mujer	48
	Maria	[h]	30
	Rita	[h]	28
	Anna	[h]	25
	Maria [sic]	[h]	17
	Cecilia	[h]	11
	Cathalina	[h]	9
	Melchora	[h]	8
	Juan	[h]	7
	Juan [sic]	[h]	5
B-124	**Juan Quintero Nuñes**		**50**
f.35v	Anna	su mujer	46
	Balthasar	[h]	26
	Maria	[h]	22
	Francisco	[h]	18
	Nicolas	[h]	16
	Matheo	[h]	14
	Miguel	[h]	12
	Manuel	[h]	11
	Maria	su madre	79
B-125	**Bernardo Garcia**		**96[80]**
f.36r	Cathalina	su mujer	50
	Rita	[h]	30
	Francisco	[h]	24
	Anna	[h]	18
	Balthasar	[h]	13
	Cathalina	[h]	11
	Gonzalo	[h]	9

---

[79] Su edad puede ser 46.
[80] Su edad puede ser 46.

Casa/f.	Nombre	Descripción	Edad
B-126	**Sebastian de Fleytas**		**60**
f.36r	Maria	su mujer	52
	Nicolas	[h]	26
	Anna	[h]	25
B-127	**Balthasar de Febles**		**46**
f.36r	Maria	su mujer	44
	Juan	[h]	14
	Maria	[h]	12
B-128	**Pedro de Brito**		**76**
f.36r	Maria	su mujer	79
	Maria	[h]	31
	Rita	[h]	22
	Maria [sic]	[h]	20
	Cathalina	[h]	18
B-129	**Antonio Padron**		**36**
f.36r	Antonia	su mujer	30
B-130	**Juan Padron Hermoso**		**44**
f.36r	Magdalena	su mujer	45
	Gaspar	[h]	14
	Maria	[h]	11
B-131	**Salvador Padron**		**32**
f.36r	Lucia	su mujer	34
	Petronila	[h]	6
	Maria	[h]	3
B-132	**Joseph Hernandes Jayo**		**51**
f.36r	Maria	su mujer	42
	Anna	[h]	24
	Maria	[h]	12
B-133	**Antonio Padron**		**32**
f.36r	Antonia	su mujer	36
	Maria	su cuñada	42
B-134	**Juan Quintero Padron**		**42**
f.36r	Maria Febles	su mujer	39
	Maria	[h]	18
	Francisca	hermana	30

Casa/f.	Nombre	Descripción	Edad
B-135	**Juan de Febles Dorado**		**68**
f.36r	Lucia	su mujer	54
	Anna	su nieta	14
B-136	**Maria Febles**	**mosa**	**36**
f.36r			
B-137	**Maria Febles**	**viuda**	**61**
f.36r	Maria	[h]	32
	Cathalina	[h]	27
	Andres	[h]	10
B-138	**Juan Padron**		**40**
f.36r	Magdalena	su mujer	50
B-139	**Balthasar de Armas**		**43**
f.36r	Anna	su mujer	40
B-140	**Gaspar Dias**	**viudo**	**57**
f.36v	Maria	[h]	29
	Maria [sic]	[h]	23
	Maria [sic]	[h]	20
	Juan	[h]	16
	Lucas	[h]	14
	Joseph	[h]	11
	Cathalina	[h]	10
B-141	**Cathalina Peres**	**viuda**	**62**
f.36v	Maria	[h]	26
	Sebastian	[h]	24
B-142	**Maria**[81]	**viuda**	**46**
f.36v	Joseph	[h]	14
	Cathalina	[h]	10
	Maria	[h]	8
	Maria	su madre	62
B-143	**Manuel Padron**		**61**
f.36v	Juana	su mujer	60
B-144	**Manuel de Toledo**		**54**
f.36v	Maria	su mujer	44
	Antonia[82]	[h]	8

---

[81] Su apellido no consta.
[82] {Anna}

Casa//f.	Nombre	Descripción	Edad
	Juan	[h]	4
B-145	**Juan de Toledo**		**62**
f.36v	Augustina	su mujer	61
	Cathalina	[h]	18
	Lazara	[h]	14
	Francisco	[h]	12
B-146	**Marcos Guillen**		**92**
f.36v	Thomasina	su mujer	50
	Maria	[h]	21
	Alonzo	[h]	16
	Manuel	[h]	12
	Francisco	[h]	10
B-147	**Diego Francisco**		**60**
f.36v	Maria	su mujer	50
	Maria	[h]	29
	Juana	[h]	20
	Juan	[h]	16
B-148	**Cathalina Gonzales**	**mosa**	**46**
f.36v			
B-149	**Juan Gonzales**		**50**
f.36v	Anna	su mujer	44
	Maria	[h]	25
	Ygnes	[h]	18
	Francisco	[h]	17
	Anna	[h]	14
B-150	**Augustina Febles**	**viuda**	**46**
f.36v			
B-151	**Juana Febles**	**viuda**	**64**
f.36v	Juana	[h]	26
B-152	**Balthasar de los Reyes**		**50**
f.36v	Maria	su mujer	52
	Anna	[h]	23
	Juan	[h]	18
	Maria	[h]	17
	Maria [sic]	[h]	15

Casa/f.	Nombre	Descripción	Edad
	Gaspar	[h]	12
	Fernando	[h]	10
	Nicolas	[h]	9
B-153	**Joseph Fernandes**		**42**
f.36v	Ysabel	su mujer	44
	Maria	[h]	18
	Anna	[h]	16
	Luis	[h]	8
	Diego	[h]	5
	Francisca	[h]	3
B-154	**Francisca Padron**	**viuda**	**62**
f.36v			
B-155	**Juana Gutierres**	**viuda**	**42**
f.37r			
B-156	**Francisco de Leon**		**50**
f.37r	Maria	su mujer	42
	Pedro	[h]	11
B-157	**Lorenzo Mansano**[83]		**50**
f.37r	Beatris	su mujer	51
	Lucia	[h]	25
	Juan	[h]	15
	Maria	[h]	9
B-158	**Alonzo Ynfante**		**44**
f.37r	Francisca	su mujer	42
B-159	**Antonio Padron**		**39**
f.37r	Antonia	su mujer	32
B-160	**Rufina Gonzales**	**mosa**	**50**
f.37r			
B-161	**Maria Peres**	**viuda**	**71**
f.37r			
B-162	**Francisca de Febles**	**viuda**	**62**
f.37r	Francisca	nieta	8
	Maria	nieta	7

---

[83] {Manzo}

Casa/f.	Nombre	Descripción	Edad
B-163	**Juan Garcia Jaro**	**[no consta]**	**66**
f.37r			
B-164	**Joseph de Brito**		**41**
f.37r	Cathalina	su mujer	42
	Anna	[h]	10
B-165	**Anna de Febles**	**viuda**	**66**
f.37r			
B-166	**Juan Padron**		**45**
f.37r	Madalena	su mujer	43
	Gaspar	[h]	12
B-167	**Bernardo Garcia**		**47**
f.37r	Cathalina	su mujer	43
	Rita	[h]	19
	Balthasar	[h]	13
B-168	**Francisco Gonzales**		**57**
f.37r	Maria	su mujer	49
	Balthasar	[h]	17
	Cathalina	[h]	15
	Maria	[h]	13
	Anna	su madre	90
B-169	**Joseph Hernandes**		**51**
f.37r	Maria	su mujer	46
	Maria	[h]	25
	Bartholomina	nieta	16
B-170	**Bartholome Gonzales**		**58**
f.37r	Michaela	su mujer	54[84]
B-171	**Maria Quintero**	**[no consta]**	**49**
f.37r			
B-172	**Francisco Padron**		**56**
f.37r	Cathalina	su mujer	46
	Maria	[h]	13
	Maria [sic]	[h]	11
	Juan	[h]	4

---

[84] Su edad también puede ser 51 o 52.

Casa/f.	Nombre	Descripción	Edad
B-173	**Juan Martel**		**57**
f.37r	Maria	su mujer	55
	Maria	[h]	27
	Rita	[h]	24
	Juan	[h]	17
	Anna	[h]	15
	Francisco	[h]	10
B-174	**Francisco de Leon Sejas**		**55**
f.37v	Anna	su mujer	44
	Cathalina	[h]	25
	Miguel	[h]	21
	Francisco	[h]	18
B-175	**Juan Padron Castro**		**46**
f.37v	Maria	su mujer	50
	Cathalina	[h]	16
	Maria	[h]	13
	Maria [sic]	[h]	10
B-176	**Pedro Quintero Frias**		**52**
f.37v	Maria	su mujer	57
	Francisco	[h]	28
	Maria	[h]	25
	Pedro	[h]	14
B-177	**Miguel Padron**		**45**
f.37v	Petronila	su mujer	42
	Maria	[h]	25
	Anna	[h]	23
	Cathalina	[h]	15
	Melchora	[h]	14
B-178	**Cathalina Febles**	viuda	**62**
f.37v	Manuela	[h]	26
B-179	**Maria Quintero**	viuda	**61**
f.37v			
B-180	**Pedro Quintero Febles**		**43**
f.37v	Melchora	su mujer	52
	Maria	[h]	11
	Maria [sic]	[h]	9

Casa/f.	Nombre	Descripción	Edad
	Antonia	[h]	7
	Francisca	[h]	5
B-181	**Maria Toledo**	**[no consta]**	**52**
f.37v	Cathalina	su hermana	46
	Juan	sobrino	23
B-182	**Juan Padron Hermoso**		**52**
f.37v	Magdalena	su mujer	50
	Gaspar	[h]	10
B-183	**Francisco Padron**		**45**
f.37v	Cathalina	su mujer	41
	Maria	[h]	14
	Maria [sic]	[h]	10
B-184	**Maria Quintero**	**viuda**	**62**
f.37v	Maria	[h]	28
B-185	**Lorenzo Padron**		**32**
f.37v	Beatris	su mujer	42
B-186	**Juan Gonzales Blanco**		**90**
f.37v	Ysabel	[h]	40
	Cathalina	nieta	22
	Juan	nieto	18
B-187	**Melchor Garcia**		**42**
f.37v	Anna	su mujer	52
	Juan	[h]	24
	Ysabel	[h]	23
	Francisco	[h]	16
	Maria	[h]	14
	Diego	[h]	12
B-188	**Andres Afonso**		**51**
f.37v	Maria	su mujer	52
	Antonia	[h]	24
	Maria	[h]	23
	Margarita	[h]	16
	Juan	[h]	12
B-189	**Cathalina Febles**	**viuda**	**62**
f.38r	Anna	[h]	16
	Juan	[h]	15

Casa/f.	Nombre	Descripción	Edad
B-190	**Gonzalo Peres**		**50**
f.38r	Antonia	su mujer	52
	Maria	[h]	16
	Juan	[h]	14
	Gonzalo	[h]	12
	Bartholomina	[h]	10
	Juana Febles	su madre	82
B-191	**Juan de Casañas**		**64**
f.38r	Juana	su mujer	44
B-192	**Juan de Toledo**	viudo	**47**
f.38r	Anna	[h]	20
	Ygnes[85]	[h]	18
	Juan	[h]	16
B-193	**Juana Febles**	viuda	**53**
f.38r			
B-194	**Gonzalo Padron**		**56**
f.38r	Maria	su mujer	52
	Ysabel	[h]	24
	Simon	[h]	22
	Juan	[h]	18
	Gonzalo	[h]	15
	Francisco	[h]	13
	Joseph	[h]	10
B-195	**Ygnes de Casañas**	viuda	**57**
f.38r	Maria	[h]	28
B-196	**Maria de Casañas**	[no consta]	**43**
f.38r	Geronimo	[h]	22
	Ygnes	su hermana	46
B-197	**Ysabel Quintero**	viuda	**56**
f.38r	Geronima	[h]	26
	Juan	[h]	25
B-198	**Simon Garcia**		**52**
f.38r	Maria	su mujer	48
	Victoria	[h]	16

---

[85] {Hines}

Casa//.	Nombre	Descripción	Edad
	Juan	[h]	15
	Martin	[h]	14
	Simon	[h]	10
B-199	**Juan Gonzales**		**45**
f.38r	Anna	su mujer	44
	Maria	[h]	24
	Juan	[h]	16
	Cathalina	[h]	15
	Anna	[h]	14
B-200	**Gaspar Hernandes**		**44**
f.38r	Anna	su mujer	54
	Maria	[h]	25
	Clara	[h]	24
	Juan	[h]	14
	Gaspar	[h]	12
	Anna	[h]	10
	Cathalina	[h]	6
B-201	**Maria Barreda**	**mosa**	**44**
f.38r	Cathalina	su hermana	36
B-202	**Maria Padron**	**viuda**	**46**
f.38v	Matheo	[h]	28
	Bartholome	[h]	25
	Cathalina	[h]	24
B-203	**Gonzalo Padron**		**57**
f.38v	Maria	su mujer	54
	Anna	[h]	14
	Juan	[h]	13
	Mathias	[h]	12
	Gonzalo	[h]	11
	Maria	[h]	9
	Juan	[h]	7
B-204	**Pedro Padron**		**44**
f.38v	Maria	su mujer	43
	Cayettano	[no consta]	8

Casa/f.	Nombre	Descripción	Edad
B-205	**Juan de Morales**		**56**
f.38v	Maria	su mujer	54
	Cathalina	[no consta]	30
	Juan	[no consta]	25
	Maria	[no consta]	24
	Francisco	[no consta]	16
B-206	**Juan Padron**		**56**
f.38v	Anna	su mujer	54
	Maria	[no consta]	27
	Francisca	[no consta]	24
	Cathalina	[no consta]	17
	Anna	[no consta]	15
	Maria	[no consta]	14
	Sebastiana	{sobrina?}[86]	13
	Maria [sic]	[no consta]	12
B-207	**Francisco Gutierres**		**44**
f.38v	Antonia	su mujer	43
	Alonzo	[h]	18
	Maria	[h]	17
	Francisco	[h]	9
	Juan	[h]	5
B-208	**Maria Febles**	**viuda**	**54**
f.38v	Pedro	[h]	26
B-209	**Juan de Armas Castro**		**48**
f.38v	Juana	su mujer	46
	Francisco	[h]	14
	Maria	[h]	10
	Juan	[h]	8
	Antonia	[h]	7
	Juana	[h]	5
B-210	**Francisco Febles Chirate**		**50**
f.38v	Lazara	su mujer	35
	Pedro	[h]	11
	Miguel	[h]	8

---

[86] En la copia B, se identifica como *sobrina*.

100

Casa/f.	Nombre	Descripción	Edad
	Francisco	[h]	6
B-211	**Luiza Quintero**		**50**
f.38v			
B-212	**Juan de Morales**		**59**
f.38v	Josepha	su mujer	48
B-213	**Juan de Casañas**		**60**
f.38v	Maria	su mujer	46[87]
	Ysabel	[h]	10
	Manuel	[h]	8
B-214	**Francisco Morales**		**57**
f.39r	Maria	su mujer	48
	Francisca	[h]	9
	Pedro	[h]	5
B-215	**Juan Garcia Morales**		**60**
f.39r	Maria	su mujer	46
	Bartholome	[h]	28
	Rosa	[h]	25
	Maria	[h]	16
	Francisca	[h]	14
	Matheo	[h]	13
B-216	**Rodrigo Machin**		**40**
f.39r	Doña Petronila	su mujer	30
	Luiza	[h]	9
	Gonzalo	[h]	5
B-217	**Francisca Peres**	**[no consta]**	**35**
f.39r	Sebastiana	[h]	20
	Cathalina	su hermana	24
B-218	**Francisco Morales Sexas**		**36**
f.39r	Maria	su mujer	28
	Anna	[h]	12
B-219	**Pedro Padron**		**43**
f.39r	Maria	su mujer	34
	Cayettano	[no consta]	13

---

[87] En la Copia B su edad aparece como 48.

Casa/f.	Nombre	Descripción	Edad
B-220	**Bartholome Morales**		**46**
f.39r	Juana	su mujer	44
	Maria	[h]	20
	Francisca	[h]	14
	Francisco	[h]	10
B-221a[88]	**Juan de Brito**		**43**
f.39r	Maria	su mujer	39
	Clara	[h]	18
	Pedro	[h]	15
	Matheo	[h]	12
B-221b	**Joseph Hernandes Jayo**		**27**
f.39r	Maria	su mujer	32
	Maria	su suegra	69
B-222	**Juan de Morales**		**83**
f.39r	Josepha	su mujer	81
B-223	**Juan Padron Romero**		**35**
f.39r	Juana	su mujer	40
	Cathalina	sobrina	18
B-224	**Francisco de Matos**		**52**
f.39r	Anna	su mujer	50
	Maria	[h]	24
	Sebastiana	[h]	18
B-225	**Maria Padron**	**mosa**	**52**
f.39r			
B-226	**Gaspar Hernandes**		**63**
f.39r	Maria de Casañas	su mujer	53
	Maria	[h]	18
B-227	**Francisco de Armas**		**52**
f.39r	Maria de Febles	su mujer	54[89]
	Maria	nieta	22
B-228	**Francisco de Leon Sejas**	**viudo**	**80**
f.39r			

---

[88] La numeración de la Copia A repite esta y la siguiente casa con el mismo número, por lo tanto se identifican con "a" y "b".
[89] Su edad puede ser 52.

Casa/f.	Nombre	Descripción	Edad
B-229	**Maria Padron**	**viuda**	**83**
f.39r	Pedro	[h]	30
B-230	**Juan Garcia Padron**		**56**
f.39r	Maria Martel	su mujer	52
	Anna	[h]	22
	Simon	[h]	20
	Maria	[h]	16
	Cathalina	[h]	14
	Lucas	[h]	10
	Juan	[h]	8
B-231	**Nicolas Barreda**	**moso[90]**	**30**
f.39v	Anna	su mujer	36
B-232	**Balthasar Quintero**		**39**
f.39v	Ysabel	su mujer	24
B-233	**Matheo Guadarrama**		**26**
f.39v	Ysabel	su mujer	28
B-234	**Juan Padron**		**45**
f.39v	Juana	su mujer	47
	Cathalina	sobrina	12
B-235	**Francisco de Matos**		**60**
f.39v	Anna	su mujer	56
	Maria	[h]	24
	Juan	[h]	20
	Sebastian	[h]	13
B-236	**Maria de Casañas**	**[no consta]**	**32**
f.39v	Maria	su prima	24
B-237	**Luiza Quintero**	**viuda**	**64**
f.39v			
B-238	**Francisco de Castro**		**46**
f.39v	Maria	su mujer	53
	Maria	criada	14
B-239	**Juan de Brito**		**45**
f.39v	Maria	su mujer	49
	Pedro	[h]	18

---

[90] Se supone *moso* en el sentido de *el menor*, ya que aparece casado.

Casa/f.	Nombre	Descripción	Edad
	Clara	[h]	15
	Matheo	[h]	10
B-240	**Juan Garcia Padron**		**50**
f.39v	Maria	su mujer	61
	Anna	[h]	20
	Simon	[h]	18
	Cathalina	[h]	14
	Maria	[h]	12
	Francisco	[h]	9
	Juan	[h]	7
B-241	**Bartholome de Morales**		**46**
f.39v	Juana	su mujer	50
	Maria	[h]	20
	Francisca	[h]	18
	Francisco	[h]	14
	Juan	[h]	11
B-242	**Maria Padron**	**viuda**	**62**
f.39v	Miguel	[h]	30
	Bartholome	[h]	24
	Cathalina	[h]	15
B-243	**Gonzalo Padron**		**46**
f.39v	Luiza	su mujer	40
B-244	**Juan de Morales**		**86**
f.39v	Josepha	su mujer	87
B-245	**Juan de Casañas**		**52**
f.39v	Maria de Sejas[91]	su mujer	48
	Juana	[h]	18
	Diego	[h]	16
	Francisco	[h]	14
	Anna	[h]	13
B-246	**Francisco Morales**		**42**
f.40r	Anna	su mujer	44
	Maria	[h]	22
	Juan	[h]	18

---

[91] {de Jesus}

Casa//.	Nombre	Descripción	Edad
	Anna	[h]	14
	Francisco	[h]	11
B-247	**Maria Padron**	**viuda**	**57**
f.40r	Pedro	[h]	20
	Maria	[h]	12
B-248	**Pedro Quintero Chrirate**		**57**
f.40r	Anna	su mujer	43
B-249	**Juan de Morales**		**50**
f.40r	Maria Quintero	[no consta]	46
B-250	**Marcos Quintero**		**52**
f.40r	Maria	su mujer	46
	Francisco	[h]	21
	Maria	[h]	14
	Cathalina	[h]	12
B-251	**Gonzalo Peres**		**62**
f.40r	Maria	su mujer	54
	Juan	[h]	25
	Cathalina	[h]	16
	Josepha	[h]	12
B-252	**Vicente Padron**		**82**
f.40r	Augustina	su mujer	72
B-253	**Juan de Armas**		**56**
f.40r	Augustina	su mujer	46
B-254	**Juan de Armas Padron**		**43**
f.40r	Cathalina	su mujer	42
B-255	**Joseph de Acosta**		**64**
f.40r	Michaela	su mujer	60
	Maria	[h]	32
	Joseph	[h]	18
	Bartholome	[h]	14
	Francisco	[h]	11
B-256	**Francisco Morales**		**61**
f.40r	Maria	su mujer	56
	Juana	[h]	24
	Bernarda	[h]	22

Casa/f.	Nombre	Descripción	Edad
B-257	Juana de Febles	mosa	52
f.40r			
B-258	Juan Quintero		54
f.40r	Juana	su mujer	46
	Ygnes	[h]	18
	Pedro	[h]	12
B-259	Juan de Merida		62
f.40r	Anna	su mujer	61
	Joseph	[h]	10
	Maria	[h]	9
	Bartholomina	[h]	6
B-260	Andres Padron		28
f.40r	Maria	su mujer	27
	Bartholomina	su suegra	70
B-261	Anna de Febles	viuda	60
f.40r	Margarita	[h]	30
	Maria	[h]	22
B-262	Maria de Arrila[92]	viuda	66
f.40r	Diego	[h]	26
	Maria	[h]	24
B-263	Maria Peres	mosa	46
f.40r			
B-264	Juan Martel		68
f.40v	Francisca	su mujer	59
	Sebastiana	[h]	28
	Gaspar	[h]	26
	Juan	[h]	24
B-265	Francisco Padron		44
f.40v	Maria	su mujer	41
	Antonia	[h]	10
	Maria	[h]	5
	Maria	suegra	62
B-266	Mathias de Febles		60
f.40v	Cathalina	su mujer	61

---

[92] {Arleta}

106

Casa/f.	Nombre	Descripción	Edad
	Leonor	[h]	28
	Josepha	[h]	26
	Lucia	[h]	16
	Maria	[h]	12
B-267 *f.40v*	**Juana Martel**	**[no consta]**	**60**
B-268 *f.40v*	**Antonio Machin**		**46**
	Maria	su mujer	40
	Antonio	[h]	12
	Maria	[h]	9
B-269 *f.40v*	**Bartholome Garcia**		**42**
	Lucia	su mujer	40
	Joseph	[h]	9
B-270 *f.40v*	**Maria Martel**	**viuda**	**50**
	Maria	[h]	17
	Francisca	[h]	15
B-271 *f.40v*	**Roque de Mesa**	**viudo**	**64**
	Constanza	su hija	28
B-272 *f.40v*	**Alonzo Machin**		**52**
	Lucia	su mujer	49
	Maria	su tia	72
B-273 *f.40v*	**Matheo de Febles**		**64**
	Juana	su mujer	57
	Juan	[h]	19
	Beatris	[h]	15
	Antonia	[h]	12
	Juan	[h]	10
B-274 *f.40v*	**Cathalina Martin**	**viuda**	**54**
B-275 *f.40v*	**Francisco Jacil**		**61**
	Maria	su mujer	52
	Francisco	[h]	19
B-276 *f.40v*	**Bartholome de Armas**		**64**
	Maria	su mujer	56
	Maria	[h]	18

Casa/f.	Nombre	Descripción	Edad
	Bartholome	[h]	15
	Maria [sic]	[h]	12
	Juan	[h]	9
B-277	**Cathalina Peres**	**[no consta]**	**49**
f.40v	Maria	sobrina	12
B-278	**Marcos Quintero**		**71**
f.40v	Maria	su mujer	62
	Juan	[h]	19
	Francisco	su hermano	46
B-279	**Juana Toledo**	**viuda**	**60**
f.40v			
B-280	**Alonzo Gutierres**		**46**
f.40v	Cathalina	su mujer	50
	Maria	[h]	28
	Bartholomina	[h]	19
	Joseph	[h]	11
	Ana	[h]	6
B-281	**Juan de Leon**	**viudo**	**65**
f.41r			
B-282	**Ygnes de Casañas**	**viuda**	**54**
f.41r	Ygnes	[h]	26
	Lucia	[h]	18
	Luiza	[h]	16
B-283	**Joseph Padron**		**50**
f.41r	Beatris	su mujer	43
B-284	**Francisco de Toledo**		**64**
f.41r	Francisca	su mujer	56
	Anna	[h]	28
	Francisca	[h]	24
	Francisco	[h]	12
B-285	**Gonzalo Padron**		**66**
f.41r	Luiza	su mujer	54
	Gonzalo	[h]	18
	Ysabel	sobrina	46

Casa/f.	Nombre	Descripción	Edad
B-286	**Juan Garcia Menˣ [Mendes?]**		**61**
f.41r	Maria	su mujer	53
	Maria	[h]	30
	Maria [sic]	[h]	25
	Balthasar	[h]	23
	Anna	[h]	18
B-287	**Ysabel Quintero**	**[no consta]**	**42**
f.41r	Ygnes	[h]	26
B-288	**Pedro de Armas**		**64**
f.41r	Maria	su mujer	62
	Maria	[h]	36
	Francisco	[h]	30
	Albaro	[h]	20
B-289	**Francisco de Leon**		**68**
f.41r	Maria	su mujer	62
	Miguel	[h]	30
	Simon	[h]	19
	Francisca	[h]	14
B-290	**Juan Padron de [Dias]**		**60**
f.41r	Maria	su mujer	57
	Maria	[h]	36
	Cathalina	[h]	28
	Augustina	[h]	25
	Sebastiana	[h]	16
B-291	**Juan de Casañas**		**36**
f.41r	Maria	su mujer	32
	Antonia	[h]	8
	Bernarda	[h]	4
	Juan	su padre	80
B-292	**Miguel de Guadarrama**		**46**
f.41r	Antonia	su mujer	42
	Joseph	[h]	3
B-293	**Juan de Leon**		**46**
f.41r	Maria	su mujer	45
	Bruno	[h]	20

Casa/f.	Nombre	Descripción	Edad
	Maria	[h]	16
	Ygnes	[h]	14
	Ysabel	[h]	12
	Alonzo	[h]	10
B-294	**Geronimo Francisco**		**50**
f.41r	Maria	su mujer	43
	Augustina	[h]	27
	Cathalina	[h]	18
B-295	**Juan Gonzales**		**30**
f.41r	Maria	su mujer	31
	Francisco	[h]	7
	Bartholome	[h]	5
	Francisca	[h]	3
B-296	**Miguel Guadarrama**		**36**
f.41v	Antonia	su mujer	30
	Alonzo	[h]	3
B-297	**Matheo Guadarrama**		**40**
f.41v	Maria	su mujer	32
	Matheo	[h]	3
B-298	**Alonzo Machin**		**34**
f.41v	Lucia	su mujer	32
	Francisco	[h]	8
	Juana	[h]	4
B-299	**Bartholome Garcia**		**46**
f.41v	Lucia	su mujer	30
B-300	**Nicolas Barrera**		**25**
f.41v	Anna	su mujer	32
	Maria	[h]	4
B-301	**Juan de Fuentes**		**41**
f.41v	Maria	su mujer	37
	Francisca	su madre	66[93]
B-302	**Maria Martela**		**70**
f.41v			

---

[93] Su edad puede ser 56.

Casa/f.	Nombre	Descripción	Edad
B-303	**Juan Gonzales Chirate**		**40**
f.41v	Maria	su mujer	38
	Juan	[h]	19
	Cathalina	[h]	17
	Alonzo	[h]	12
	Maria	[h]	9
	Pedro	[h]	7
B-304	**Francisco Jasil**	[no consta]	**62**[94]
f.41v	Christoval	[h]	30
B-305	**Francisco Toledo**		**44**
f.41v	Francisca	su mujer	42
B-306	**Bartholome Guadarrama**		**31**
f.41v	Maria	su mujer	28
B-307	**Juan de Leon**		**34**
f.41v	Maria	su mujer	30
	Gonzalo	sobrino	18
B-308	**Augustin Padron**		**56**
f.41v	Beatris	su mujer	54
	Maria	[h]	29
	Juan	[h]	25
	Ysabel	[h]	19
	Pedro	[h]	12
B-309	**Bartholome Padron**		**46**
f.41v	Anna	su mujer	47
	Beatris	[h]	30
	Maria	[h]	25
	Anna	[h]	18
	Francisco	[h]	16
	Cathalina	[h]	13
B-310	**Lucia**[95] **Padron**	[no consta]	**43**
f.41v	Maria	[h]	13
	Juan	[h]	9

---

[94] Su edad puede ser 52.
[95] {Luisa}

111

Casa/f.	Nombre	Descripción	Edad
B-311	**Alonzo Padron**		**45**
f.41v	Maria[96]	su mujer	50
	Ysabel	[h]	28
	Alonso	[h]	26
	Rita	[h]	23
	Cathalina	[h]	22
B-312	**Anna de Castañeda**	**[no consta]**	**45**
f.41v			
B-313	**Juan de Guadarrama**		**66**
f.42r	Cathalina	su mujer	60
	Maria	[h]	26
	Cathalina	[h]	22
	Ysabel	[h]	16
B-314	**Gaspar Dias**		**45**
f.42r	Maria	su mujer	42
	Gonzalo	sobrino	30
B-315	**Miguel de Brito**		**70**
f.42r	Maria	su mujer	68
	Ysabel	[h]	28
	Maria	[h]	19
	Dionisio	[h]	16
	Anna	[h]	14
B-316	**Maria de Febles**	**viuda**	**58**
f.42r	Francisco	[h]	30
	Anna	[h]	25
	Maria	[h]	22
	Joseph	[h]	17
	Guillermo	[h]	9
	Leonor	suegra	80
B-317	**Anna Garcia**	**viuda**	**70**
f.42r	Simon	[h]	25
	Bartholome	[h]	22
B-318	**Simon de Lima**		**56**
f.42r	Maria	su mujer	50

---

[96] {Beatris}

Casa/f.	Nombre	Descripción	Edad
	Cathalina	[h]	25
	Simon	[h]	24
	Gonzalo	[h]	14
	Anna	[h]	9
	Maria	[h]	7
	Bernardo	[h]	6
B-319	**Maria de Casañas**	**viuda**	**63**
f.42r	Anna	[h]	24
	Martin	[h]	21
B-320	**Vicente Padron**	**[no consta]**	**80**
f.42r			
B-321	**Francisco de Castro Padron**		**53**
f.42r	Maria	su mujer	58
	Maria	[h]	30
	Mathias	[h]	29
	Anna	[h]	19
	Juana	[h]	18
	Juan	[h]	15
	Ygnes	[h]	13
B-322	**Balthasar [Menˣ; Mendes?]**		**52**
f.42r	Anna	su mujer	54
	Manuel	[h]	16
	Balthasar	[h]	14
B-323	**Juan de Casañas**		**62**
f.42r	Sebastiana	su mujer	55
	Maria	[h]	28
	Juan	[h]	27
	Diego	[h]	20
B-324	**Buenaventura Hernandes**		**61**
f.42r	Antonia	su mujer	58
	Balthasar	[h]	28
	Antonia	[h]	19
	Miguel	[h]	16

Casa/f.	Nombre	Descripción	Edad
B-325	**Juan Padron Brito**		**63**
f.42v	Lucia	su mujer	62
	Antonia	[h]	25
	Gonzalo	[h]	21
	Bartholome	[h]	18
B-326	**Gonzalo Peres**		**34**
f.42v	Cathalina	su mujer	32
	Manuel	[h]	12
	Maria	[h]	10
B-327	**Juan Padron**		**43**
f.42v	Cathalina	su mujer	41
B-328	**Juan de Leon Toledo**		**43**
f.42v	Cathalina	su mujer	41
	Maria	[h]	8
	Cathalina	[h]	4
B-329	**Antonia de Paula**	**[no consta]**	**46**
f.42v			
B-330	**Guillermo Hernandes**		**61**
f.42v	Ygnes	su mujer	53
	Francisco	[h]	26
	Maria	[h]	18
	Mathias	[h]	14
	Juan	[h]	12
	Maria	[h]	8
B-331	**Francisco de Armas**		**30**
f.42v	Ysabel	su mujer	36
	Francisco	[h]	12
	Gonzalo	[h]	10
	Juan	[h]	8
B-332	**Matheo Fernandes**[97]		**42**
f.42v	Maria	su mujer	50
	Francisco	[h]	26
	Maria	[h]	14
	Mathias	[h]	12

---

[97] {Hernandes}

Casa/f.	Nombre	Descripción	Edad
	Juan	[h]	10
	Maria	[h]	8
B-333	**Juan de Leon Lazaro**		**43**
f.42v	Ysabel	su mujer	38
	Francisco	[h]	12
	Gonzalo	[h]	10
	Juan	[h]	7
B-334	**Francisco de Leon Quintero**		**50**
f.42v	Cayettana	su mujer	46
	Francisco	[h]	18
	Juan	[h]	13
	Maria	[h]	10
B-335	**Juan Padron Acosta**		**45**
f.42v	Cathalina	su mujer	43
	Maria	[h]	25
	Bartholome	[h]	20
B-336	**Francisco Hernandes**		**49**
f.42v	Maria	su mujer	45
	Francisco	[h]	18
	Juan	[h]	14
	Maria	[h]	9
B-337	**Juan Padron Flamenco**		**56**
f.42v	Josepha	su mujer	54
	Anna	[h]	22
	Juan	[h]	19
	Luisa	[h]	14
	Gonzalo	[h]	11
	Ysabel	[h]	9
B-338	**Joseph Padron Flamenco**		**28**
f.43r	Beatris	su mujer	26
B-339	**Ysabel Quintero**	**viuda**	**70**
f.43r	Maria	[h]	28
	Mathias	[h]	26
	Maria	[h]	19

Casa/f.	Nombre	Descripción	Edad
B-340	**Gonzalo Padron**		**53**
f.43r	Thomasina	su mujer	52
	Juana	[h]	27
	Diego	[h]	26
	Melchor[98]	[h]	22
	Cathalina	[h]	18
	Juan	[h]	12
	Ysabel	[h]	11
B-341	**Ysabel Barbusana**	**viuda**	**49**
f.43r			
B-342	**Francisco Xau^n [Juan?] Samora**		**24**
f.43r	Maria	su mujer	28
	Anna	su hija	2
B-343	**Juan Pedro[99]**		**40**
f.43r	Ysabel	su mujer	36[100]
	Pedro	[h]	8
	Juan	[h]	8
B-344	**Juan de Leon Quintero**		**43**
f.43r	Ygnes	su mujer	40
	Cathalina	[h]	26
	Ygnes	[h]	24
	Antonia	[h]	22
B-345	**Francisco de Leon Men^x [Mendes?]**		**43**
f.43r	Anna	su mujer	47
	Maria	[h]	23
	Bartholome	[h]	15
	Lucia	[h]	13
B-346	**Francisco de Leon Frias**		**61**
f.43r	Cathalina	su mujer	60
	Juan	[h]	28
	Maria	[h]	27

---

[98] {Melchora}
[99] No consta otro apellido.
[100] En la copia B su edad aparece como 46.

Casa//.	Nombre	Descripción	Edad
	Miguel	[h]	25
	Antonio	[h]	15
B-347	**Marcos Peres**		**60**
f.43r	Maria	su mujer	58
	Cathalina	[h]	30
B-348	**Cathalina Gutierres**	**viuda**	**62**
f.43r			
B-349	**Juan Fernandes Sastre**		**61**
f.43r	Maria	su mujer	53
B-350	**Maria Gutierres**	**viuda**	**65**
f.43r	Constanza	[h]	33
	Josepha	[h]	15
	Maria	nieta	18
B-351	**Martin de Leon**		**39**
f.43r	Luisa	su mujer	38
	Francisco	hijo	3
B-352	**Juan Padron Morales**		**60**
f.43r	Bartholomina	su mujer	50
	Susana	[h]	28
	Francisca	[h]	26
	Juan	[h]	21
B-353	**Buenaventura**	**ausente**	**38**
f.43r	Maria	su mujer	43
	Francisco	[h]	11
	Petronila	[h]	8
B-354	**Miguel de Herrera**		**60**
f.43v	Beatris	su mujer	54
	Juan	[h]	28
	Anna	[h]	27
	Barbara	[h]	23
	Maria	[h]	15
	Josepha	[h]	12
	Cathalina	[h]	10

Casa/f.	Nombre	Descripción	Edad
B-355	**Antonio Padron Quintero**		**47**
f.43v	Maria	su mujer	33
	Diego	[h]	10
	Ygnes	[h]	8
B-356	**Juan de Febles**		**37**
f.43v	Cathalina	su mujer	42
B-357	**Juan de Leon**		**29**
f.43v	Cathalina	su mujer	30
B-358	**Juan Marques**		**26**
f.43v	Juana	su mujer	28
B-359	**Francisco de Armas**		**31**
f.43v	Ygnes	su mujer	28
	Antonio	[h]	9
	Maria	[h]	6
B-360	**Maria de Mesa**	viuda	**63**
f.43v			

Texto: *360 Vesinos* [357][101]

---

[101] La Copia A cuenta "360 Vesinos" y la copia B "354 Vesinos." Pero, como la numeración de las casas se equivoca en varios lugares, en ambos manuscritos (véanse las notas de la casas B-38 y B-221), sus "totales" también caen en error. No obstante, el total de vecinos tomado por esta transcripción es: 357.

El Golfo

~ *Pago del Golfo* ~

Antonio Josph de Armas y Alsola, 6 agosto 1757

Casa/f.	Nombre	Descripción	Edad
G-1	**Maria Quintero**	**viuda**	**58**
f.43v			
G-2	**Miguel Padron**	**viudo**	**63**
f.43v	Maria	[h]	25
	Antonia	[h]	21
	Anna	[h]	19
	Juan	[h]	18
	Ysabel	[h]	15
G-3	**Bartholome Gonzales**		**65**
f.43v	Augustina	su mujer	63
	Ygnes	[h]	19
	Juan	[h]	18
	Manuel	[h]	17
G-4	**Bartholome Garcia**		**33**
f.43v	Melchora	su mujer	29
G-5	**Juan Francisco**		**61**
f.43v	Ygnes	su mujer	53
	Cathalina	[h]	28
	Beatris	[h]	20
	Martin	sobrino	17

Casa/f.	Nombre	Descripción	Edad
G-6	**Juan de Acosta Manzanilla**		**80**
f.43v	Ysabel	su mujer	79
	Beatris	[h]	30
	Christina	[h]	26
	Maria	[h]	24
G-7	**Juan Peraza**	**ausente**	**36**
f.43v	Maria	su mujer	46
	Josepha	[h]	15
	Rosa	[h]	13
	Ysabel	[h]	11
	Juan	[h]	9
G-8	**Manuel Peres**		**56**
f.44r	Augustina	su mujer	51
	Francisca	[h]	26
	Ysabel	[h]	17
	Juan	[h]	15
	Maria	[h]	8
G-9	**Cayetano de Acosta**		**46**
f.44r	Francisca	su mujer	33
	Cayetano	[h]	3
G-10	**Antonio Francisco**		**31**
f.44r	Apolonia	su mujer	33
	Miguel	[h]	4
G-11	**Andres Padron**		**29**
f.44r	Ygnes	su mujer	34
	Felis	[h]	8
	Maria	[h]	3
G-12	**Sebastian de Cabrera**		**53**
f.44r	Maria	su mujer	56
	Juan	[h]	23
	Pedro	[h]	21
G-13	**Juan de Toledo**		**63**
f.44r	Maria	su mujer	57
	Maria	[h]	18

Casa/f.	Nombre	Descripción	Edad
G-14	**Alonzo Toledo**	**viudo**	**68**
f.44r	Maria	[h]	30
	Ysabel	[h]	26
G-15	**Bernabe Gonzales**		**61**
f.44r	Maria	su mujer	59
	Antonio	[h]	19
	Maria	[h]	17
G-16	**Maria Padron**	**viuda**	**60**
f.44r	Andres	[h]	18
G-17	**Pedro Padron**		**42**
f.44r	Maria	su mujer	36
G-18	**Bartholome Gutierres**		**92**
f.44r	Maria	su mujer	61
	Antonia	[h]	28
	Diego[102]	[h]	21
G-19	**Ygnes Gutierres**	**viuda**	**58**
f.44r	Juan	[h]	22
	Joseph	[h]	18
	Maria	[h]	13
G-20	**Maria Gutierres**	**libre**	**65**
f.44r	Maria	[h]	33
G-21	**Francisco Gutierres**		**31**
f.44r	Maria	su mujer	33
	Juan	[h]	12
	Maria	[h]	10
	Bartholome	[h]	8
	Francisco	[h]	6
	Joseph	[h]	5
G-22	**Felis de Lima**		**43**
f.44r	Maria	su mujer	33
	Maria	[h]	13
	Rosa	[h]	10
	Simon	[h]	5

---

[102] {Dago}

Casa/f.	Nombre	Descripción	Edad
G-23	**Maria Padron**	**viuda**	**58**
f.44r	Andres	[h]	14
G-24	**Anna Quintero**	**viuda**	**61**
f.44r	Bartholome	[h]	22
G-25	**Miguel Padron**		**58**
f.44v	Beatris	su mujer	48
	Juan	[h]	13
	Diego	[h]	11
	Maria	[h]	9
G-26	**Sebastian Peres**		**56**
f.44v	Petronila	su mujer	54
	Pedro	[h]	26
	Marcela	[h]	22
G-27	**Maria Magdalena**	**[no consta]**	**63**
f.44v	Leonor	su nieta	26
G-28	**Juan de Cabrera**		**31**
f.44v	Maria	su mujer	33
G-29	**Juan Gutierres**		**25**
f.44v	Anna	su mujer	32
	Maria	[h]	9
	Sebastian	[h]	7
G-30	**Augustin de Castañeda**		**51**
f.44v	Sebastiana	su mujer	53
	Juana	[h]	25
	Anna	[h]	21
	Maria	[h]	18
	Juan	[h]	17
	Marcela	[h]	15
G-31	**Francisco Quintero**	**ausente**	**43**
f.44v	Ysabel	su mujer	30
	Antonio	[h]	12
	Juan	[h]	6

Casa//.	Nombre	Descripción	Edad
G-32	**Joseph Gonzales**		**53**
f.44v	Maria	su mujer	44
	Juan	[h]	9
	Maria	[h]	7
	Joseph	[h]	5
	Pedro	[h]	2
G-33	**Simon Hernandes**		**43**
f.44v	Augustina	su mujer	41
	Maria	[h]	7
	Simon	[h]	5
	Maria	[h]	3
G-34	**Juan Padron**		**67**
f.44v	Lucia	su mujer	70
	Antonia	[h]	28
	Bartholome	[h]	16
G-35	**Manuel Ysidro**	[no consta]	**72**
f.44v			
G-36	**Juan de Fleitas**		**50**
f.44v	Maria Sanches	su mujer	49
	Josepha	[h]	9
	Marcos	[h]	7
	Antonio	[h]	5
G-37	**Diego Gutierres**		**25**
f.44v	Juana	su mujer	31
G-38	**Juan Gonzales**		**33**
f.44v	Maria Padron		31
G-39	**Juan Quintero**		**52**
f.44v	Lucia	su mujer	54
	Pedro	[h]	20

Texto: *Vesinos 39.*

Sabinosa

~ *Sabinosa* ~

Antonio Josph de Armas y Alsola, 6 agosto 1757

Casa/*f.*	Nombre	Descripción	Edad
S-1	**Augustin de Brito**		**96**
f.45r	Ysabel	su mujer	98
	Constansa	[h]	35
	Juan	nieto	22
	Maria	nieta	12
S-2	**Juan Delgado**		**69**
f.45r	Maria	su mujer	63
	Buenaventura	[h]	33
S-3	**Anna**	**viuda**	**27**
f.45r	Juan	[h]	3
S-4	**Francisco Padron**		**45**
f.45r	Maria	su mujer	37
	Francisca	[h]	23
	Miguel	[h]	12
	Juan	[h]	9
	Francisco	[h]	7
S-5	**Antonio Francisco**		**52**
f.45r	Anna	su mujer	52
	Marcos	[h]	13
	Francisco	[h]	11
	Maria	[h]	10

Casa/f.	Nombre	Descripción	Edad
S-6	**Andres de Leon**		**65**
f.45r	Cathalina	su mujer	63
	Juan	su nieto	17
S-7	**Maria de Leon**	**viuda**	**51**
f.45r	Maria	[h]	21
S-8	**Francisco Rodrigues**		**57**
f.45r	Juana	su mujer	53
	Dionicia	[h]	25
S-9	**Vicente Quintero**	**ausente**	**43**
f.45r	Cathalina	su mujer	41
	Diego	[h]	5
S-10	**Maria Padron**	**mosa**	**43**
f.45r	Maria	sobrina	29
S-11	**Dionicia Febles**	**viuda**	**58**
f.45r	Miguel	[h]	12
	Francisco	[h]	8
S-12	**Juan de Casañas**		**41**
f.45r	Magdalena	su mujer	33
	Francisco	[h]	15
	Lucia	[h]	11
	Miguel	[h]	7
S-13	**Balthasar de Morales**		**83**
f.45r	Francisca	su mujer	71
S-14	**Manuel Peres**		**51**
f.45r	Maria	su mujer	58
	Juan	[h]	25
	Thomas	[h]	19
	Maria	[h]	12
	Manuel	[h]	7
	Anna	su suegra	83
S-15	**Anna Febles**	**viuda**	**69**
f.45r			
S-16	**Joseph de Brito**		**60**
f.45r	Joanna	su mujer	51
	Diego	[h]	24
	Maria	[h]	12

Casa/f.	Nombre	Descripción	Edad
	Blasina	[h]	9
S-17	**Marcos Quintero**		**37**
f.45v	Maria	su mujer	35
	Andres	[h]	14
	Blasina	[h]	10
S-18	**Juan de Leon**		**41**
f.45v	Francisca	su mujer	43
	Juan	[h]	12
S-19	**Bartholome de Acosta**		**83**
f.45v	Maria	su mujer	63
	Maria	[h]	25
	Bartholome	[h]	18
	Francisco	[h]	17
S-20	**Francisco Casañas**		**69**
f.45v	Maria	su mujer	53
	Francisco	[h]	13
	Maria	[h]	11
	Lucas	[h]	10
	Ysabel	[h]	7
S-21	**Francisco Rodrigues**		**60**
f.45v	Juana	su mujer	61
	Dionicia	[h]	25
S-22	**Joanna de Febles**	**[no consta]**	**47**
f.45v			
S-23	**Anna Rodrigues**	**viuda**	**63**
f.45v			
S-24	**Guillermo Hernandes**		**47**
f.45v	Maria	su mujer	51
	Marcelo	[h]	13
	Juan	[h]	9
	Maria	[h]	6

Texto: *Vesinos 24.*

Apéndices

Apéndice 1

{*English translation: see Appendix 1, p. 155*}

Informe Histórico
de Antonio Joseph de Armas y Alsola
Sobre la Población de El Hierro

f. 45v-45r

Excelentísimo Señor

*Mi Señor, obedeciendo el precepto de V^{ra}, remito esta matricula que contiene el vecindario de esta isla; sus personas, y edades. De el consta tiene de **vecinos** novecientos veinte y uno (**921**), en la forma que consta del mismo. Por vulgaridad correcta se sabe, que esta Isla tuvo en su principio doce (**12**) **vecinos** que hicieron la ermita del Sⁿ. Santiago que fue la primera iglesia que tuvo esta isla; y pasados algunos años; cuarenta (**40**) **vecinos** que hubieron, fabricaron la iglesia que hoy subsiste; y según consta de la declaración de una información todavía Antigua, se sabe por cierto que hubieron sesenta (**60**) **vecinos** juntos en esta Villa y no había mas en toda ella; de las sinodales del Señor Murga,[103] se conoce, había en esta isla seiscientos (**600**) **vecinos**, que lo tengo a yerro de imprenta; pues habiendo pasado de aquellas sinodales, a las del Ilustrísimo Señor Don Pedro Dávila[104] dignísimo prelado que fue de estas Islas, que las revió dularmente,[105] y después de haberlas visto, que los informes de los párrocos anualmente un siglo, y algunos años*

---

[103] Cristóbal Cámara y Murga, Obispo de la diócesis de Canarias, 1627-1635.
[104] Pedro Manuel Dávila Cárdenas, Obispo de la diócesis de Canarias 1731-1738.
[105] La Copia A dice "*revio diularmente*," la Copia B dice "*rebio deularmente*."

*más, solo dice tenia esta Isla quinientos y once **(511)** **vecinos**, y así conjeturo, que en lugar de decir seiscientos **(600)** vecinos pusieron digo **personas** pusieron vecinos, esto es que puedo decir, a V^{ra} esperando vuestras ordenes que ejecutar de V^{ra} a quien ruego a la majestad, ssma, guarde muchos años con mayor grandeza, Villa de Valverde de esta Isla del Hierro al agosto 6 de 1757 = ex^{mo} S^{or} Bl. n^{xer} V^{ra} Su aymo Capellán y Verdadero, Ap^{do}, servidor,*

[firmado] Antonio Joseph de Armas, y Alsola

Personas 3.610 como en gente

Resumen del "Informe Histórico"

año	descripción	vecinos	personas
[1505][106]	"en su principio"	12	[54][107]
1544[108]	"pasados algunos años"	40	[180]
?	"declaración Antigua"[109]	60	[270]
1631	sinodales de Murga	[133]	600
1731+	sinodales de Dávila	511	[2.300]
1757	presente censo	918	3.611

---

[106] Fecha aproximada de la fundación de la ermita de Santiago, ya que las primeras datas de Guillén Peraza de Ayala empiezan en 1505.

[107] Contando 4.5 habitantes por cada vecino, norma (redondeada de 4.46) utilizada por investigadores como Cristina Junyent, *Entre lajiales y brumas: Una historia de la población de El Hierro a través de sus matrimonios* (Barcelona: Ciencia en Societat, 2013), p. 61. Sin embargo, la proporción de casas a personas en el presente censo de 1757 es 1:4.

[108] Fabricación de la iglesia comienza en 1544, Dacio Victoriano Darías Padrón. *Noticias Generales Históricas sobre la Isla del Hierro* (San Cristóbal de La Laguna: Imprenta Curbelo, 1929), p. 71.

[109] Posiblemente se refiere a las datas de Guillén Peraza de Ayala.

Apéndice 2

{English translation: see Appendix 2, p. 157}

Cifras

Las cifras de cada zona del censo se han recopilado aquí, contando el número de casas y sus pobladores. Los totales son los de la presente transcripción y corrigen los errores confrontados en los resúmenes de las dos copias manuscritas.

Censo de El Hierro de 1757

Zona	Casas	Personas
La Villa (Valverde)	133	536
El Pinal	112	445
San Andrés	159	646
Barlovento (casas "de abajo")	94	375
Barlovento (propio)	357	1.378
El Golfo	39	146
Sabinosa	24	85
Totales	**918**	**3.611**

BIBLIOGRAFÍA

Archivo de la Casa Fuerte de Adeje. *Documentación no judicial generada en el ejercicio jurisdiccional señorial - Señorío de El Hierro - Padrones de habitantes.* ES 35001 AMC/ACFA 104001 y 104002.

Darías y Padron, Dacio Victoriano. *Noticias Generales Históricas sobre la Isla del Hierro* (San Cristóbal de La Laguna: Imprenta Curbelo, 1929).

Díaz Frías, Nelson. *Matrimonios de la parroquia de Nuestra Señora de la Asunción de la villa de San Sebastián de La Gomera (1599-1900), dos tomos. (Ediciones Idea: Santa Cruz de Tenerife, 2015).*

Díaz Padilla, Gloria y José Miguel Rodríguez Yanes. *El Señorío en las Canarias occidentales: La Gomera y El hierro hasta 1700* (Excmos. Cabildos Insulares de La Gomera y El Hierro: Santa Cruz de Tenerife, 1990).

Junyent, Cristina. *Entre lajiales y brumas: Una historia de la población de El Hierro a través de sus matrimonios* (Barcelona: Ciencia en Societat, 2013).

Quintero Reboso, Carlos. *El Hierro: una isla singular* ([Valverde]: Excmo. Cabildo Insular de El Hierro; Tenerife : Centro de la Cultura Popular Canaria, 1997-2001).

Vera, Julio C. *El Censo de 1680 de La Gomera y el Hierro* (Los Angeles: Create Space, 2016).

ÍNDICE ONOMÁSTICO

Introducción

{*English translation: see Introduction to the Name Index, p. 159*}

El índice solo recoge cabezas de hogares o personas que aportan nombres con apellidos.

En el manuscrito se intercambian varias letras con frecuencia, por ejemplo: *B/V, C/S, I/Y, J/X, L/LL y S/Z*. Para simplificar su búsqueda, los nombres y apellidos de una misma base se han unido bajo una ortografía común moderna. Por ejemplo, se favorece la *J* por la *X* (*Jeres* no Xeres) y la *V* por la *B* (*Vera* no Bera). Por otro lado, se favorece la *S* sobre la *Z* (*Rodrigues* no Rodriguez, *Peres* no Perez, *Samora* no Zamora) ya que la *Z* se emplea poco en el manuscrito, reflejo de la influencia portuguesa. Sin embargo cuando ocurren nombres o apellidos algo parecidos pero suficientemente distintos, se mantienen separados. En todos casos se conectan con las notas *véase* o *véase también*.

Nótese también que el uso de algunos nombres comunes escritos de manera antigua, se han reunido bajo una ortografía común para evitar repeticiones. O, se usa la forma antigua si es la que domina.

Se elimina el repetido uso del "de" (*de Cubas, de Morales, de Vera*, etc.), aunque los otros posesivos (*de las, de los, del*) se mantienen cuando se usan para distinguir los apellidos. Los acentos, poco utilizados en el manuscrito, se eliminan en el índice y en el texto para evitar confusión. Con la excepción de los acentos, las transcripciones en el texto propio respetan la ortografía original del manuscrito con todas sus variaciones originales.

Clave

V-000	aparece en la casa número 000 en **Villa (Valverde)**
P-000	aparece en la casa número 000 en **El Pinal**
SA-000	aparece en la casa número 000 en **San Andrés**
BA-000	aparece en la casa número 000 en **Barlovento (abajo)**
B-000	aparece en la casa número 000 en **Barlovento**
G-000	aparece en la casa número 000 en **El Golfo**
S-000	aparece en la casa número 000 en **Sabinosa**

Números de casas repetidos dentro de una misma cita significan que el nombre se repite dentro de esa casa, por ejemplo padre e hijo (*Juan* y *Juan*).

ÍNDICE

SIN APELLIDOS: **Doña Agustina** – V-97; **Anna** – S-3; **Buenaventura** – B-353; **Caietano** – V-11; **Francisco** – V-90; **Doña Leonor** – V-105; **Maria** – B-142; **Thoribio {Ambrosio}** – BA-71; **Ventura** – véase **Buenaventura**.

~

ACOSTA: Andres – SA-47; **Bartholome** – V-12, SA-78, SA-136, SA-143, S-19; **Cayetano** – G-9; **Diego** – V-6; **Joseph** – B-255; **Juan** – SA-70, SA-105, SA-137, BA-70, G-6; **Juan Padron** – B-335; **Lazaro** – P-35, P-64.
AFONSO: Andres – B-188.
ALONSO: Patricio – V-46.
ALONZO: *véase* **ALONSO**.
ALRETA: *véase* **ARRILA**.
AMADOR: Catalina – V-77.
ANA: Maria – SA-105, SA-121.
ANNA: Maria – BA-42.
ARMAS: Agustin – SA-25; **Agustina** – SA-54; **Alonso** – SA-56; **Antonio** – BA-54; **Antonio Joseph** – V-1; **Apolonia** – BA-76; **Balthasar** – B-139; **Bartholome** – V-63, P-18, SA-159, B-276; **Cayetano** – SA-51; **Francisco** – SA-81, SA-82, B-227, B-331, B-359; **Joseph** – V-87; **Juan** – V-100, SA-46, BA-3, BA-53, B-100, B-209, B-253, B-254, SA-91; **Marcos** – SA-90; **Margarita** – SA-86; **Maria** – SA-93, B-18, B-41; **Matheo** – SA-7, SA-24, SA-57, B-65, B-105; **Miguel** – SA-142; **Nicolas Fernandes** – P-48; **Pedro** – B-57, B-288.
ARLETA: Maria – B-262.

ARRILA: Maria – B-262.

ARTEAGA: Diego Padron – P-62; **Gaspar** – V-119; **Juan** – V-109; Juan Armas – BA-53.

ARTHEAGA: *véase* **ARTEAGA.**

ARTIAGA: *véase* **ARTEAGA.**

AVIALA: *véase* **DAVILA.**

AYALA: Juan Pedro – BA-93; **Pio** – V-13; **Sebastian** – V-105.

BARBUSANA: Isabel – B-341.

BARREDA, de la: Juan – V-96.

BARREDA: Bartholome – B-19; **Juan** – B-111; **Maria** – B-201; Nicolas – B-231; *véase también* **BARRERA.**

BARRERA: Antonio – V-29, B-113; **Bartholome** – SA-73; **Diego** – V-65; **Francisco** – V-29; **Gabriel** – V-20; **Juan** – V-72; **Juan Armas** – BA-3; **Maria** – P-55; **Nicolas** – B-300; **Sevastiana** – V-61; *véase también* **BARREDA**

BENITES: Antonio – V-115; **Juan** – BA-29.

BLANCO: Juan Gonzales – B-186.

BRITO: Agustin – SA-106, S-1; **Antonio Padron** – V-130; **Elena** – V-40, V-73; **Francisco** – B-97; **Joseph** – BA-16, B-164, S-16; **Juan** – V-40, V-88, SA-117, B-40, B-74, B-81, B-221a, B-239; **Juan Padron** – SA-77, B-325; **Maria** – V-2; **Miguel** – V-76, P-32, P-60, B-92, B-315; **Pedro** – B-128.

BUENO: Diego – V-5; **Juan** – V-45; **Phelipe** – V-5.

CABRERA: Gabriel – SA-21; **Juan** – V-48, SA-71, G-28; **Sebastian** – P-23, P-49, G-12.

CAIROS: Bartholome – V-122.

ÇAMORA: *véase* **SAMORA.**

CASAÑA: *véase* **CASAÑAS.**

CASAÑAS: Francisco – S-20; **Ines** – B-195, B-282; **Juan** – V-102, BA-8, B-191, B-213, B-245, B-291, B-323, S-12; **Maria** – B-196, B-226, B-236, B-319.

CASTANEDA: *véase* **CASTAÑEDA.**

CASTAÑEDA: Agustin – SA-139, G-30; **Agustina** – V-121; **Ana** – P-8, P-21; **Anna** – B-110, B-312; **Blas** – V-26; **Francisco** – BA-58; **Joseph** – P-94; **Juan** – V-17, SA-48, SA-75; **Maria** – P-9, P-75; **Miguel** – SA-11.

CASTRO: Francisco – B-53, B-238, B-321; **Juan Armas** – B-209; **Juan Padron** – B-175.

CAYROS: *véase* **CAIROS.**

CEJAS: *véase* **SEJAS.**

CHABEZ: *véase* **CHAVES.**

CHAVEZ: *véase* **CHAVES.**

CHAVES: Bartholome – V-116; **Manuel** – P-95; **Patricio** – P-76.

CHIRATE: Francisco Febles − B-210; Juan Gonzales − B-303; Pedro Quintero − B-248.

CHRIRATE: *véase* CHIRATE.

CIMANCAS: *véase* SIMANCAS.

CRUS, de la: *véase* CRUZ, de la.

CRUZ, de la: Juan − V-21; Juan Garcia − V-91; Maria − SA-125.

CRUZ: *véase* CRUZ, de la.

DAVILA: Antonio − V-97.

DELGADO: Isabel − SA-3; Juan − S-2; Luis − V-16.

DESPINOSA: *véase* ESPINOSA.

DIAS: Gaspar − P-109, B-140, B-314; Juan Padron − B-290.

DORADO: Juan Febles − B-135.

ENRIQUE: Domingo − V-39.

ESPINOSA: Anna − B-101; Antonio − SA-68, SA-97; Bernarda − SA-14; Bernardo − SA-60; Catalina − B-102; Diego − BA-30; Ines − SA-18; Isabel − B-76; Juan Brito − SA-117; Manuel − B-80; Miguel − V-107; Pio − V-2; Sebastian − BA-63; Thomas − V-96, BA-27.

ESTEVES: Beatris − BA-35.

FEBLES: Agustina − B-150; Anna − B-165, B-261, S-15; Balthasar − SA-80, B-127; Catalina − SA-144, BA-86, B-178, B-189; Diego − SA-27; Dionicia − S-11; Francisca − B-162; Francisco − B-79, B-210; Guillen − BA-32; Isabel − BA-33; Joanna − S-22; Juan − V-60, P-3, P-4, SA-153, SA-155, B-108, B-135, B-356; Juan Matos − V-66; Juan Padron − SA-130; Juana − SA-64, B-151, B-190, B-193, B-257, S-22; Manuel − P-14; Maria − V-10, V-18, B-2, B-114, B-134, B-136, B-137, B-208, B-227, B-316; Matheo − P-11, SA-149, B-273; Mathias − B-266; Pedro Quintero − B-180; Petronila − B-95; Sebastiana − B-98.

FEBRES: *véase* FEBLES.

FERNANDES: Ana − V-11; Dionicio − V-78; Esteban − V-80; Francisco − V-73; Joseph − P-72, B-153; Juan − V-75, V-95, P-16, P-70, SA-134, BA-26, B-93, B-349; Manuel − V-132, BA-75; Maria − V-3; Mariana − V-3; Matheo − V-4, B-332; Miguel − V-133, BA-74; Nicolas − P-48; *véase también* HERNANDES.

FERRERA: Domingo − B-71.

FLAMENCO: Joseph Padron − B-338; Juan Acosta − SA-70; Juan Padron − B-337.

FLEITAS: Francico − P-12; Joseph − B-78; Juan − B-25, B-78, G-36; Miguel − SA-12, SA-49; Sebastian − B-126.

FLEYTAS: *véase* FLEITAS.

FONTE: Agustin − V-98; Antonio − V-45; Maria − V-45; Mathias − V-86; Pedro − BA-50.

FRANCISCO: Andres − SA-65, BA-4; Antonio − G-10, S-5; Diego − B-

MEDINA: Gabriel − BA-56.

MENDES: Balthasar − SA-37, B-322; **Francisco Leon** − B-345; **Isabel** − BA-47; **Juan Garcia** − B-286; *véase también* **MENˣ**.

MENˣ [¿MENDES?]: Balthasar − B-322; **Francisco Leon** − B-345; **Juan Garcia** − B-286.

MENDO [¿MENDES?]: Isabel − BA-47.

MERIDA: Alonso − SA-121; **Ana** − V-129; **Ana Padron** − V-9; **Anna** − BA-14; **Catalina** − P-106, SA-134; **Diego** − SA-154; **Francisco** − V-59; **Ines** − P-103; **Juan** − B-259; **Maria** − P-33, P-61, P-89.

MESA: Bernardo − B-46; **Maria** − B-360; **Miguel** − SA-108; **Roque** − B-271.

MESSA: *véase* **MESA**.

MOLINA: Ana − P-7.

MOLERO: *véase* **Juan Padron** − SA-140.

MONTERO: Juan Brito − B-40; **Lucas** − P-82.

MORALES: Alonso − V-79, B-48; **Ana** − SA-38, SA-96, SA-109; **Balthasar** − V-110, SA-69, SA-76, SA-85, S-13; **Bartholome** − SA-50, B-220, B-241; **Francisco** − P-45, P-77, SA-8, B-14, B-15, B-20, B-214, B-218, B-246, B-256; **Isabel** − SA-55; **Joseph** − P-87, SA-63, B-112; **Juan** − P-39, P-68, P-104, SA-39, SA-58, B-205, B-212, B-222, B-244, B-249; **Juan Garcia** − B-215; **Juan Padron** − B-352; **Maria** − SA-94, SA-95, SA-99, SA-100, SA-102, B-50; **Nicolas** − P-44, P-74; **Pedro** − P-17; **Salvador** − SA-99, B-12, B-29.

NUÑES: Joseph − V-42; **Juan Padron** − P-105; **Juan Quintero** − B-124.

ORTEGA: Francisco Rodrigues − BA-18.

PADILLA: Antonio Padron − BA-81; **Pedro** − V-74.

PADRON: Agustin − V-43, SA-123, B-308; **Alonzo** − BA-90, B-311; **Ana** − V-9; **Andres** − B-260, G-11; **Anna** − BA-49, B-109; **Antonio** − V-130, BA-71, BA-81, B-60, B-96, B-129, B-133, B-159, B-355; **Balthasar** − V-64; **Bartholome** − SA-156, SA-157, B-309; **Beatris** − B-86; **Catalina** − BA-46; **Cayetano** − V-22, V-52; **Diego** − V-16, V-55, P-2, P-62, SA-20, B-49, B-67; **Elena** − BA-71; **Francisca** − SA-127, SA-133, B-39, B-154; **Francisco** − V-85, V-108, P-15, SA-44, SA-52, SA-92, BA-44, B-8, B-172, B-183, B-265, S-4; **Francisco Castro** − B-321; **Gaspar** − V-84; **Gonzalo** − V-9, B-123, B-194, B-203, B-243, B-285, B-340; **Isabel** − BA-66; **Joseph** − V-31, V-83, P-88, B-283, B-338; **Juan** − V-125, V-126, P-101, P-105, SA-13, SA-77, SA-130, SA-140, BA-82, BA-87, B-130, B-138, B-166, B-175, B-182, B-206, B-223, B-234, B-290, B-325, B-327, B-335, B-337, B-352, G-34; **Juan Armas** − B-254; **Juan Garcia** − SA-128, B-230, B-240; **Juan Quintero** − B-134; **Juana** − BA-11, BA-55; **Leonor** − BA-69; **Lorenso** − B-30, B-185; **Lucas** − V-51; **Lucia** − B-310; **Luis** − V-23, V-53; **Luisa** − B-

310; **Manuel** – V-43, V-67, V-69, V-128, V-131, SA-119, B-143;
Marcos – B-26; **Margarita** – BA-15; **Maria** – V-5, V-7, V-33, V-35,
V-44, V-53, P-28, P-46, SA-42, SA-107, BA-6, B-202, B-225, B-229, B-
242, B-247, G-16, G-23, G-38, S-10; **Matheo** – B-52; **Mathias** – P-1,
SA-114, BA-5; **Miguel** – B-177, G-2, G-25; **Nicolas** – SA-59, BA-84;
Pedro – B-204, B-219, G-17; **Phelipa** – P-42; **Roberto** – V-36;
Salvador – V-54, B-91, B-131; **Sebastian** – V-33, V-104; **Sebastiana**
– BA-40; **Vicente** – B-252, B-320.

PAIVA: Agustina – V-82; *véase también* **PAVIA**.

PAREIA: Maria – V-8.

PAULA: Antonia – B-329.

PAVIA: Maria – V-81; **Petronila** – V-70; *véase también* **PAIVA**.

PAYVA: *véase* **PAIVA**; *véase también* **PAVIA**.

PEDRO: Juan – BA-93, B-343.

PERASA: Catalina – BA-64; **Francisco** – V-7; **Juan** – G-7; **Maria** –
BA-67.

PERAZA: *véase* **PERASA**.

PERDIGON: Juan Peres – B-85.

PERDOMO: Lucas – V-112.

PERES: Andres – B-11; **Catalina** – B-82, B-141, B-277; **Christoval** –
BA-1; **Diego** – V-41; **Francisca** – B-217; **Francisco** – BA-72;
Gabriel – B-16; **Gonsalo** – V-120, SA-10, B-190, B-251, B-326; **Juan**
– B-21, B-54, B-85; **Juana** – V-47; **Manuel** – V-68, BA-79, B-42, B-
89, G-8, S-14; **Marcos** – B-347; **Maria** – BA-83, B-161, B-263; **Pedro**
– BA-36; **Sebastian** – BA-21, G-26.

PEREYRA: *véase* **PAREIA**.

PIO: Pedro – V-100.

QUINTERO: Alonso – V-103, SA-102; **Anna** – G-24; **Antonio** – V-25,
P-25, P-50, B-3; **Antonio Padron** – B-355; **Balthasar** – V-37, B-232;
Vicente – V-47; **Diego** – B-104; **Francisca** – BA-91; **Francisco** – P-
27, P-52, P-80, G-31; **Francisco Leon** – B-334; **Geronima** – B-116;
Ignacio – B-24; **Isabel** – B-120, B-197, B-287, B-339; **Joseph** – V-
34, P-6, P-79, B-17; **Juan** – V-10, P-78, P-108, SA-89, SA-101, BA-31,
BA-65, BA-91, B-68, B-92, B-124, B-134, B-258, G-39; **Juan Gutierres**
– V-101; **Juan Leon** – B-344; **Juan Peres** – B-21, B-54; **Juana** – B-
94; **Luisa** – B-211, B-237; **Manuel** – B-6; **Marcos** – B-250, B-278; S-
17; **Maria** – P-66, SA-113, BA-59, B-38, B-171, B-179, B-184, B-249,
G-1; **Miguel** – B-7; **Pedro** – V-99, V-124, SA-53, BA-17, B-22, B-176,
B-180, B-248; **Sebastian** – BA-7; **Vicente** – S-9; **Ygnacio** – B-24.

RAMOS: Maria – SA-60.

REBOSO: Antonio – SA-84, BA-77; **Juan** – SA-28; **Lucas Hernandes**
– BA-52.

REBOZO: *véase* **REBOSO**.

REIES, de los: *véase* **REYES, de los.**

REIES: *véase* **REYES.**

REMEDIOS, de los: Maria − B-9, B-31.

REVOSO: *véase* **REBOSO.**

REYES, de los: Balthasar − BA-9, BA-38, BA-60, B-152; **Juan** − P-37, P-59, BA-42; **Juan Garcia** − P-26; **Maria** − V-59, V-104, P-34, P-47, P-63, BA-37, B-121; **Salvador** − V-28.

REYES: Maria − V-38, P-108.

RODRIGUES: Anna − S-23; **Antonia** − B-122; **Francisco** − P-110, BA-18, BA-18, S-8, S-21; **Juan** − V-49; **Martin** − P-66.

ROMERO: Juan Padron − B-223.

ROSA: Juan Armas − SA-91.

SALASAR: Juan Padron − BA-82; **Matheo Fernandes** − V-4.

SALAZAR: *véase* **SALASAR.**

SAMORA: Alonso − SA-95; **Francisco** − SA-22, SA-23, SA-141, BA-22; **Francisco Xau^{n} [Juan?]** − B-342; **Juan** − SA-83, SA-116; **Juan Leon** − V-71.

SANCHES: Francisco − BA-12, B-99; **Juan** − V-24, P-58, P-93, SA-45, SA-61, SA-66; **Lucas** − P-96, SA-124; **Maria** − G-36.

SANCHEZ: *véase* **SANCHES.**

SANTIAGO: Juan − V-8.

SANTOS: Mathias − V-5.

SASTRE: Juan Fernandes − B-349.

SAUCEDO: Francisco Quintero − P-80.

SEBASTIAN: Francisco − SA-30.

SEJAS: Francisco − SA-148; **Francisco Leon** − B-174, B-228; **Francisco Morales** − B-218; **Juan Francisco** − SA-79, B-27; **Maria** − B-245.

SEVASTIAN: *véase* **SEBASTIAN.**

SEXAS: *véase* **SEJAS.**

SIMANCAS: Leonor − P-100; **Manuel** − B-13.

SIMON: Juan − V-62; **Manuel** − BA-20.

SUARES: Francisco Gutierres − B-84.

THERESA: Catalina − SA-33.

THOLEDO: *véase* **TOLEDO.**

TOLEDO: Alonzo − G-14; **Blas** − B-70; **Catalina** − BA-48; **Francisco** − BA-80, B-284, B-305; **Juan** − SA-118, B-64, B-145, B-192, G-13; **Juan Leon** − B-328; **Juana** − B-279; **Manuel** − B-144; **Maria** − B-58, B-66, B-119, B-181.

TORIBIO: Juan − P-97.

TRUJILLO: Pedro − BA-51.

VARREDA, de la: *véase* **BARREDA, de la.**

VARRERA: *véase* **BARRERA.**

VERA: Gaspar − SA-151; **Lorenso** − SA-127.

XAUⁿ [¿JUAN?]: Francisco − B-342.
YNFANTE: Alonzo − B-158.
YSIDRO: Manuel − G-35.
ZALAZAR: *véase* **SALASAR**.
ZAMORA: *véase* **SAMORA**.

ENGLISH GUIDE

Though the basic data in this book should be fairly accessible to users with a rudimentary knowledge of Spanish, this extra section provides some additional help. It includes a Glossary of terms frequently used in this census text. This is followed by some key introductory texts which have been translated to provide a general understanding of the history of the census and its transcription. These include the Introduction, Explanatory Notes, Appendixes and the Introduction to the Name Index.

ENGLISH GUIDE

Glossary[110]

(note: this list reflects the extant spelling in the manuscript)

ausente	absent (likely working on another island)
benficiado	parish priest
capitán	captain
criada/o	servant
cuñada/o	sister/brother-in-law
esclava/o	slave
hermana/o	sister/brother
hija/o	daughter/son
libre	unmarried (un-attached) person
madre	mother
mosa/o[111]	single (or servant, if preceded by "su")
mosa/o, su[111]	servant
moso, el[111]	junior (Juan, el moso = Juan, Jr.)
mujer	wife
nieta/o	grandchild
no consta	not stated
padre	father
prima/o	cousin
sobrina/o	niece/nephew
su	his/her
suegra/o	mother/father-in-law
viuda/o	widow/er
yerna/o	sister/brother-in-law

---

[110] For a broader glossary of commonly used and older Canary Island census terms, see the English Guide section of *El Censo de 1680 de La Gomera y El Hierro* by Julio C. Vera (Los Angeles: Create Space, 2016).

[111] The word mosa/o (moza/o) has three distinct meanings which depend on their context. Generally speaking, as a single descriptor for a head of household it signifies a single/unmarried person. If used as a descriptor of an underling's relationship to a household, it means servant. If preceded by "el" it signifies "the younger" of a father-son duo with the same name, akin to "Jr."

Introduction

In the introduction to my previous publication, *El Censo de 1680 de La Gomera y El Hierro*, I noted that the history of the westernmost islands of the Canary Islands has been obscured by the lamentable loss of much original documentation.[112] Nonetheless, my numerous genealogical connections to the early inhabitants of the island of El Hierro[113] and the discovery and publication of that 1680 census, have spurred me to continue searching for the possible existence of more valuable materials. This way sources unknown - or previously found by local researchers but not diffused outside of the Canaries - might be made accessible to a wider public.

Fortuitously, a distant relation in El Hierro, Amós Adolfo Quintero Padrón, has pointed out the existence of two additional censuses (*padrones*[114]) of that island for the years 1757 and 1771. These manuscripts have been held for centuries within the *Archivo de la Casa Fuerte de Adeje*, Tenerife, and then under the authority of the government of Adeje. The

---

[112] Julio C. Vera, *El Censo de 1680 de La Gomera y El Hierro* (Los Angeles: CreateSpace Independent Publishing Platform, 2016), 1-2. A great deal of the history of El Hierro has been brilliantly recreated by Gloria Díaz Padilla and José Miguel Rodríguez Yanes in their work, *El Señorío en las Canarias occidentales: La Gomera y El hierro hasta 1700* (Excmos. Cabildos Insulares de La Gomera y El Hierro: Santa Cruz de Tenerife, 1990).

[113] Via the family names Baez, Bernal, Chamizo, Diaz, Febles, Gallego, Gutiérrez de Frías, Hernandez, Juandajo, Magdaleno, Marques, Perdigón, Santa Olaya, Pérez, Tapia, Zamora and de Vera.

[114] We use the word *censo* rather than *padrón* to maintain consistency between publications, knowing that it is always in reference to "padrones," "matrículas" or other "listings of inhabitants," which in modern Spanish are all encompassed under the concept of *"censo de población."*

collected archive, created by the noble house of the *Marqueses de Adeje, Condes de La Gomera y Señores de El Hierro*, is today preserved by El Museo Canario, with the exception of *"a small portion [which was] separated from the original collection and deposited in the Fondo Antiguo de la la Biblioteca Municipal de Santa Cruz de Tenerife."* Thanks to these institutions, the collection containing more than seventeen thousand units has been digitalized for electronic access.[115]

The Archive describes in general terms that the collection contains *"documentation generated by multiple facets of the administration and business of the estates of the Condado de La Gomera and the Marquesado de Adeje, the estate and manor of El Hierro, the estates of Ampudia y Cea and the estate founded in Sevilla by the Twenty-fourth Pedro Suarez de Castilla, owner of the estate of the Villa de Hinojos, province of Huelva."* And it adds that, *"as a consequence of its noble characteristics, [it] contains a broad spectrum of documents that reflect the historical evolution of the various spheres of endeavor within that complex administrative entity, from the purely economic to those derived from the exercise of its jurisdictional rights, as well as its interactions with various public institutions of the 'Old Regime.'"*[116]

The censuses of El Hierro are found within that digitized documentation of the *Archivo de la Casa Fuerte de Adeje*, under *"Documentación no judicial generada en el ejercicio jurisdiccional señorial - Señorío de El Hierro - Padrones de habitantes,"* - two copies for the year 1757[117] and one for 1771[118] described as follows: "Scope and content: series which encompasses three complete censuses of the inhabitants of the Island of El Hierro: two copies of the one taken in 1757 by order of the *Conde de La Gomera* and one of 1771 by order of the *Inspector y Segundo Comandante General de Canarias* for the

---

[115] Available at the website of the Archivo de la Casa Fuerte de Adeje: www.archivohistoricoadeje.es, where its history and bibliographic information are also given.

[116] *Ibid. "Documentación generada en las múltiples facetas de administración y gestión del mayorazgo y Condado de La Gomera, el mayorazgo y Marquesado de Adeje, el mayorazgo y Señorío de El Hierro, los mayorazgos de Ampudia y Cea y el mayorazgo fundado en Sevilla por el Veinticuatro Pedro Suárez de Castilla, al que pertenece el señorío de la Villa de Hinojos, provincia de Huelva . . . como consecuencia de su carácter nobiliario, contiene un amplísimo abanico de tipos de documentos que reflejan la evolución histórica de los distintos ámbitos de actuación de esta compleja entidad administrativa, desde los puramente económicos hasta los derivados del ejercicio de derechos jurisdiccionales, así como sus relaciones con las distintas instituciones públicas del Antiguo Régimen."*

[117] Its reference codes are: ES 35001 AMC/ACFA 104001 and ES 35001 AMC/ACFA 104002.

[118] Its reference code is: ES 35001 AMC/ACFA 104003.

formation of militias."[119] Individual images of the manuscript folios of the censuses may be downloaded one at a time from that location.[120] It is important to point out that the *Archivo de la Casa Fuerte de Adeje* also contains a census of La Gomera of 1770, already transcribed by Nelson Días Frías.[121]

Access to images of these original documents offers us a primary source, providing an invaluable human portrait of El Hierro during those years. Nonetheless, it remains unedited information, in manuscript form, written in old script, focused on its administrative purpose, and (naturally) without indexing. In other words, it is a source in need of a systematic transcription which will facilitate and advance its further research. That is in essence the purpose of this project.

The present publication offers the complete transcription of the first of the two censuses, the one from 1757. Likewise, a transcription and publication of the 1771 census is in the planning stages, kept separate from this publication so as to maintain their individual histories and more logically manage their data.

The census of 1757 was conducted by Antonio Joseph de Armas y Alsola, parish priest of *La Inmaculada Concepción* (parish for all of El Hierro at Valverde) following a request (*"pedimiento"*) from the *Conde de la Gomera y Señor de El Hierro* and submitted on August 6, 1757. The census counted a total of 3,611 inhabitants distributed among 918 houses, recording the names, last names (sometimes two of them) of those heads of households. The enumeration recorded these heads of household, their marital status, their spouses, sons/daughters, other relatives, servants, etc., a scant few professions, and the ages of all individuals living in the house. In addition, it can be assumed that this information was gathered from house to house. This sheds some light on the geographical proximity of families sharing the same last names, joined by marriages and relationships which often persisted over the years. These tracings are sometimes evident back to *El Censo de 1680*.

---

[119] *"Alcance y contenido: Serie que reúne tres completos padrones de habitantes de la Isla de El Hierro: dos ejemplares del formado en 1757 por orden del Conde de La Gomera y uno de 1771 por orden del Inspector y Segundo Comandante General de Canarias para reglamento de milicias."*

[120] Since the website is at present still in the process of cataloging its full holdings down to the document level, all three links are titled the same way, as "pending"; *Documento pendiente de descripción.*

[121] In his *Matrimonios de la parroquia de Nuestra Señora de la Asunción de la villa de San Sebastián de La Gomera (1599-1900), Tomo II, (see the IV Anexo Documental), pp. 243-313. (Ediciones Idea: Santa Cruz de Tenerife, 2015).*

The Archive holds two different copies of the same listing. The first, which is designated *Copy A* here,[122] appears slightly more complete and given other indicators seems earlier than the second one. The second one is designated *Copy B*.[123] The transcription that follows favors the enumeration and facts found in *Copy A*, though information from *Copy B* has been used to corroborate information in the former. Where *Copy B* offers sufficiently different or, in some cases, contradictory information, these distinctions are noted within old brackets {}. The house numbering system used in Copy A is also favored, given that the numeration in the second copy contains various errors.

The numbering of the houses was initiated zone by zone, beginning with the number one (1) for each new neighborhood encountered (*Villa*, *El Pinal*, *El Golfo*, *Sabinosa*, etc.). This system is faithfully preserved in the transcription.

At the end of the full listing there is a name index of all individuals with both names and last names. Each citation is identified by the house number, preceded by letters that identify the neighborhood where that home is found.

In addition to the census, the priest de Armas y Alsola also provided the Conde with a summary of his own investigation into the history of the population of El Hierro, from earliest times to date, correcting some erroneous data and unearthing some interesting facts about the earliest days of the Villa and its churches. This summary has also been transcribed and appears as Appendix 1.

Having rescued and published the *Censo de 1680*, this new information from 1757 provides us more useful data in our quest to recover the demographic history of El Hierro, and with which we can continue to connect the tracks of our island ancestors.

Los Angeles, 2017

---

[122] Copy A is numbered ES 35001 AMC/ACFA 104001
[123] Copy B is numbered ES 35001 AMC/ACFA 104002

Explanatory Notes

The census is divided into zones designated:

La Villa (Valverde)
El Pinal
San Andrés
Barlovento - casas "de abajo" (houses below)
Barlovento (proper)
El Golfo
Sabinosa

The transcription and numbering favor the data in manuscript *Copy A*. The transcription has been faithful to the original spelling, with the exception of accent marks, which appear so irregularly that they are universally ignored. Spelling variations in names and last names are retained, though they are normalized under one common spelling in the index. Nonetheless, all possible variations of names and last names should be considered.

Where information differs significantly in *Copy B*, these variations are noted between old brackets {}. Modern brackets [ ] are used to denote conjectures, to complete abbreviations (F^{co} = [Francisco]), to clarify doubts, where a name or expression is quite commonly abbreviated (R^s = [Rodrigues]), or in cases where the transcription has been difficult to determine and another interpretation is offered. When no information appears where it should be expected (such as "su mujer" - his wife), this is noted with "[no consta]" noting that it is lacking in the original. In many cases the names listed following heads of households and spouses are not labeled "son/daughter" though that relationship is implied.

Appendix 1

Historic Summary
of Antonio Joseph de Armas y Alsola
Regarding the Population of
El Hierro

f. 45v-45r

Your excellency,

My Señor, obliging your request, I remit this census which contains the population of this island; its people and ages. It totals nine hundred twenty one **(921)** *[heads of household]. It is common knowlege that this Island totatled at its inception twelve* **(12)** *[heads of household] who erected the chapel of Sⁿ. Santiago which was the first church on this island; and after some years; there were forty* **(40)** *[heads of household] who constructed the present church; and according to an ancient document, it is known for certain that there were exactly sixty* **(60)** *[heads of household] in this Villa and not a single other on the island; from the synods of Señor Murga,[124] it is known, there were on this island six hundred* **(600)** *[heads of household], and I have it in print; as having gone from those synods, to the ones of the Ilustrious Señor Don Pedro Dávila[125] distinguised prelate past of these Islands, who duly*

---

[124] Cristóbal Cámara y Murga, Bishop of the Canaries, 1627-1635.
[125] Pedro Manuel Dávila Cárdenas, Bishop of the Canaries, 1731-1738.

saw them,[126] *and having seen them, that information about the parishoners yearly one century and some years later, the Island only totaled five hundred eleven* **(511)** **[heads of household]**, *and I thereby conjecture, that instead of six hundred* **(600)** *[heads of household] they wrote - I mean* **persons** *- they put [heads of household], thus I can say, to thou [I] await your orders to be executed [and] from thou I beg the majesty, [you be] safeguarded many years with greater highness, Villa of Valverde of this Island of el Hierro on August 6 of 1757 = [titles] Your servant Chaplain and True, [able?] servant,*

[signed] Antonio Joseph de Armas, y Alsola

Persons 3,610 of population

Summary of the "Historic Summary"

year	description	heads	persons
[1505][127]	"at its inception"	12	[54][128]
1544[129]	"after some years"	40	[180]
?	"ancient document"[130]	60	[270]
1631	Synods of Murga	[133]	600
1731+	Synods of Dávila	511	[2,300]
1757	present census	918	3,611

---

[126] Copy A says "*revio diularmente,*" Copy B says "*rebio deularmente.*"

[127] Approximate date of the founding of the chapel of Santiago (*la ermita de Santiago*), given that the first land grants (*datas*) were given by Guillén Peraza de Ayala beginning in 1505.

[128] Counting 4.5 inhabitants for each *vecino* (head of household), norm (rounded from 4.46) used by historians such as Cristina Junyent, in *Entre lajiales y brumas: Una historia de la población de El Hierro a través de sus matrimonios* (Barcelona: Ciencia en Societat, 2013), p. 61. However, the ratio of houses to inhabitants in this census of 1757 is 1:4.

[129] Construction of the church began in 1544, Dacio Victoriano Darías Padrón. *Noticias Generales Históricas sobre la Isla del Hierro* (San Cristóbal de La Laguna: Imprenta Curbelo, 1929), p. 71.

[130] Possibly refers to the land grants of Guillén Peraza de Ayala.

Appendix 2

Figures

Summary totals of all the figures from each zone of the census, counting the houses and its total inhabitants. The totals are from the present transcription and correct errors found in the manuscript summaries.

Census of El Hierro for 1757

Zone	Houses	Persons
La Villa (Valverde)	133	536
El Pinal	112	445
San Andrés	159	646
Barlovento ("de abajo")	94	375
Barlovento (proper)	357	1,378
El Golfo	39	146
Sabinosa	24	85
Totals	**918**	**3,611**

ENGLISH GUIDE

Introduction to the
Name Index

The index gathers only heads of households and people showing both first and last names.

Spelling habits vary in the manuscript often interchanging the letters *B/V, C/S, I/Y, J/X, L/LL and S/Z*. So, in order to simplify searching, all names and surnames are brought together under their standard, modern form. For example, the J is favored over the X (*Jeres* not Xeres) or the V over the B (*Vera* not Bera). On the other hand, the S is favored over the Z, for example *Rodrigues* (not Rodriguez), *Peres* (not Perez) and *Samora* (no Zamora), given that the letter Z is almost non-existent in the manuscript. This is probably due to the great influence of the Portuguese language on the islands in that period. When names (first or surnames) are somewhat similar but sufficiently distinct from one another, they are listed separately. All of these cases are linked with notations to "see" (*véase*) or "also see" (*véase también*) related forms.

It should also be noted that certain common first names written in old forms, are gathered under their common or modern spelling, so as to avoid repetition. Or the old form is used, if it is ubiquitous throughout the text.

The repeated use of "de" (*de Cubas, de Morales, de Vera*, etc.) is ignored, though other possessives (*de las, de los, del*) are kept when they distinguish the surnames. And, to avoid confusion, accents, only sporadically used in the manuscript, are eliminated in the index. Naturally, despite these modifications in the index, the transcriptions in the text proper do maintain the original manuscript spellings with all their original variations.

Key

V-000	the person appears in house number 000 in **La Villa (Valverde)**
P-000	the person appears in house number 000 in **El Pinal**
SA-000	the person appears in house number 000 in **San Andrés**
BA-000	the person appears in house number 000 in **Barlovento abajo**
B-000	the person appears in house number 000 in **Barlovento**
G-000	the person appears in house number 000 in **El Golfo**
S-000	the person appears in house number 000 in **Sabinosa**

House numbers repeated within one citation mean that the first name is repeated within the same house, for example, a father and son (*Juan* and *Juan*)

EL EDITOR

Julio César Vera García nació en Cuba y luego se crió en Miami, Florida. Es graduado en letras de *Carnegie Mellon University*, Pittsburgh, Pennsylvania, y recibió un máster en Bellas Artes de la escuela de cinematografía de la *University of California, Los Angeles (UCLA)*. Por varios años escribió guiones para la televisión y el cine en Los Angeles. Más adelante recibió un segundo máster en ciencias de la información y biblioteconomía de la misma *UCLA*. Practicó esa carrera en el ámbito de archivos de esa ciudad. Presentemente se dedica a obras de teatro, televisión y cine. En el año 2016 publicó su primera obra de referencia genealógica, *El Censo de 1680 de La Gomera y El Hierro*.